Atlas oceanów

Nicholas Harris

Ilustracje
Gary Hincks

fk WYDAWNICTWO OLESIEJUK

Tytuł oryginału: Oceans Atlas

Autor: Nicholas Harris

Ilustracje: Gary Hincks
oraz Susanna Addario, Peter Dennis, Betti Ferrero,
Ray Grinaway, Ian Jackson, Steve Noon,
Nicki Palin i Peter David Scott

Fotografia na s. 22: Gemunu Amarasinghe © AP/EMPICS

Tłumaczenie: Justyna Naglik

ISBN 978-83-7588-189-9 (oprawa broszurowa)
ISBN 978-83-7844-176-2 (oprawa twarda)

Firma Księgarska Olesiejuk spółka z ograniczoną odpowiedzialnością S.K.A.
05-850 Ożarów Mazowiecki, ul. Poznańska 91
wydawnictwo@olesiejuk.pl
dystrybucja: www.olesiejuk.pl
www.wydawnictwo-olesiejuk.pl

Druk: Zapolex Sp. z o.o.

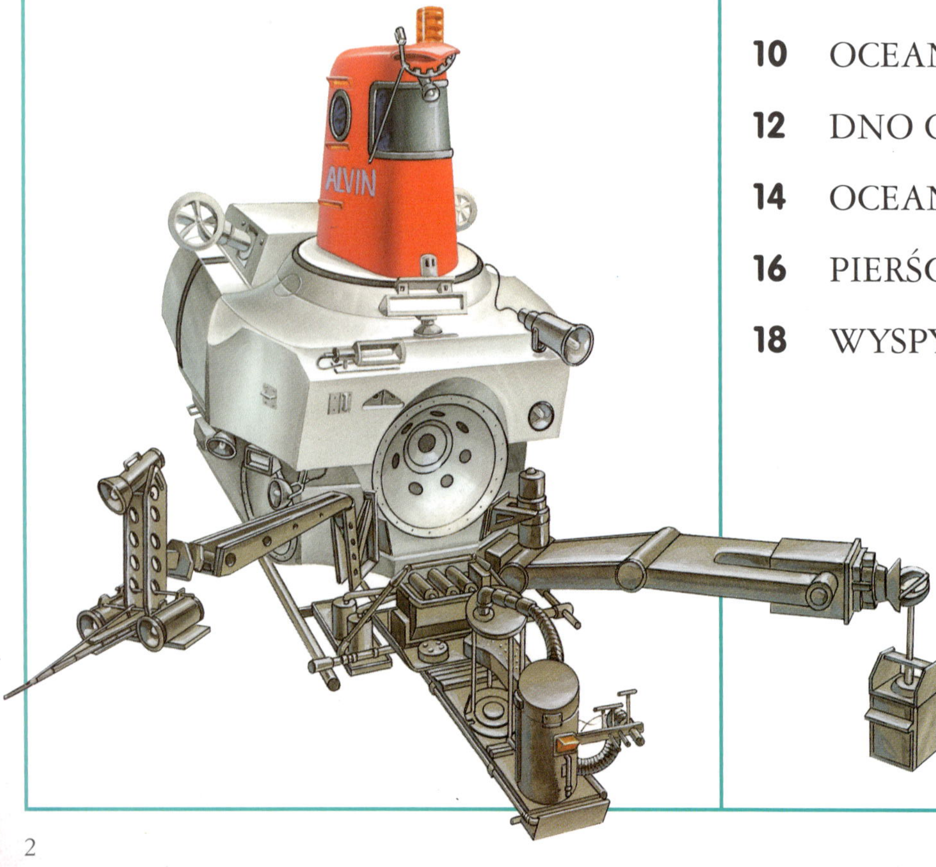

SPIS TREŚCI

OCEANY

ZIEMIA to planeta oceanów – pokrywają one ponad 70% jej powierzchni. Ich wody są domem dla około 90% wszystkich żywych organizmów. Oceaniczne głębiny to wciąż jeszcze nie do końca zbadany rejon świata – naukowcy przypuszczają, że żyją w nich tysiące stworzeń, które czekają na odkrycie. Nawet jeśli mieszkasz daleko od otwartych wód, mają one ogromny wpływ na twoje życie. Od nich zależy globalna pogoda, w ich wnętrzach kryją się pokłady pożywienia i źródła niezbędnych nam minerałów. Problem w tym, że oceany są w niebezpieczeństwie – zagrażamy im my, ludzie. Zanieczyszczenia wód i masowe połowy ryb to zaledwie dwa przykłady niszczycielskich działań człowieka.

PRĄDY OCEANICZNE

Prądy powierzchniowe są napędzane wiatrem. Poruszają się ruchem kolistym, tworząc tzw. wiry. Na półkuli północnej poruszają się zgodnie z ruchem wskazówek zegara, a na półkuli południowej w kierunku przeciwnym.

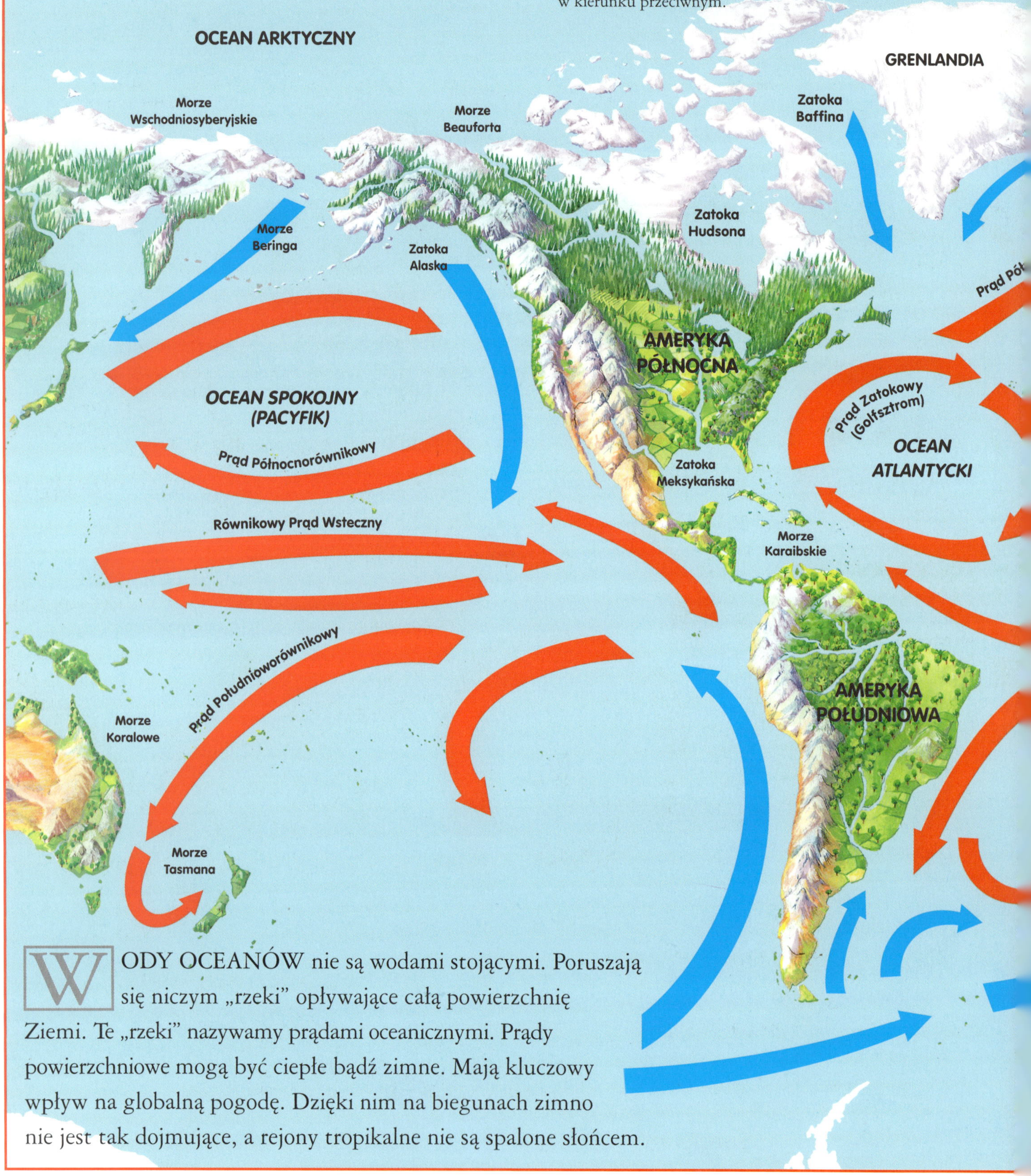

WODY OCEANÓW nie są wodami stojącymi. Poruszają się niczym „rzeki" opływające całą powierzchnię Ziemi. Te „rzeki" nazywamy prądami oceanicznymi. Prądy powierzchniowe mogą być ciepłe bądź zimne. Mają kluczowy wpływ na globalną pogodę. Dzięki nim na biegunach zimno nie jest tak dojmujące, a rejony tropikalne nie są spalone słońcem.

Na Oceanie Atlantyckim występuje ciepły prąd płynący w kierunku północno-wschodnim – od Zatoki Meksykańskiej aż po wybrzeża Norwegii w północnej Europie. Prąd ten nazywamy Prądem Zatokowym lub Golfsztromem. To właśnie jemu północno-zachodnia Europa zawdzięcza stosunkowo łagodny, wilgotny klimat.

Co kilka lat prądy na Pacyfiku zmieniają kierunek – ciepłe wody zaczynają płynąć na południe w kierunku Ameryki Południowej. Prądy te nazwane *El Niño* (dzieciątko) pozbawiają miejscowe ryby pożywienia i wywołują susze i sztormy.

PŁYWY, WIATRY I FALE

W WIĘKSZOŚCI REJONÓW świata poziom wód morskich wznosi się i opada dwa razy dziennie. To wznoszenie i opadanie nosi nazwę pływów (przypływów i odpływów). Różnica między niską i wysoką wodą to tzw. skok pływu. Morza otoczone niemal całkowicie lądem, takie jak Morze Śródziemne, mają bardzo niewielki skok pływu. Pogoda na otwartych wodach ma istotny wpływ nawet na daleko położone tereny. Wiatry wywołują fale i napędzają prądy oceaniczne (patrz str. 4). Powodują też ruch mas wilgotnego powietrza, które paruje z oceanicznych wód.

Oceany odgrywają kluczową rolę w kształtowaniu się globalnej pogody i klimatu. Dzięki enerii cieplnej Słońca woda krąży między oceanami i atmosferą w niekończącym się obiegu zwanym cyklem hydrologicznym.

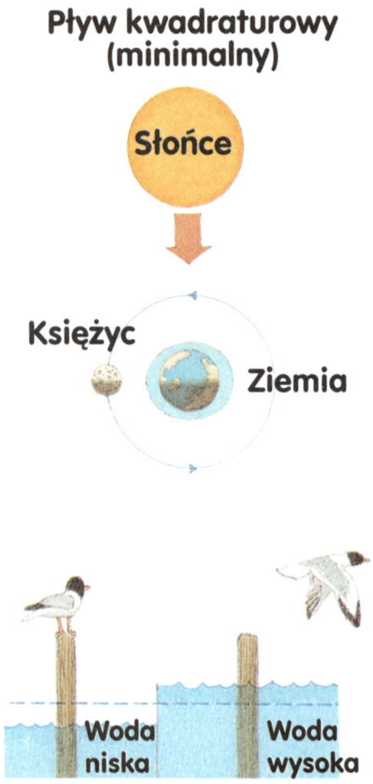

Pływy powstają w wyniku oddziaływania grawitacyjnego Słońca i Księżyca na Ziemię. Wody oceanów, które w danej fazie obrotu Ziemi znajdują się po stronie Księżyca lub po stronie przeciwnej, wybrzuszają się, tworząc przypływ, czyli wysoką wodę. W tym momencie w pozostałych rejonach świata następuje odpływ, czyli woda jest niska. Gdy Księżyc, Ziemia i Słońce tworzą kąt prosty, mamy do czynienia z pływem kwadraturowym, czyli minimalnym (po lewej). Jeśli natomiast Księżyc, Słońce i Ziemia znajdują się w linii prostej, siły grawitacyjne Słońca i Księżyca wzmacniają się nawzajem, tworząc pływ syzygijny, czyli maksymalny, wtedy różnica między wodą wysoką i niską jest największa (po prawej).

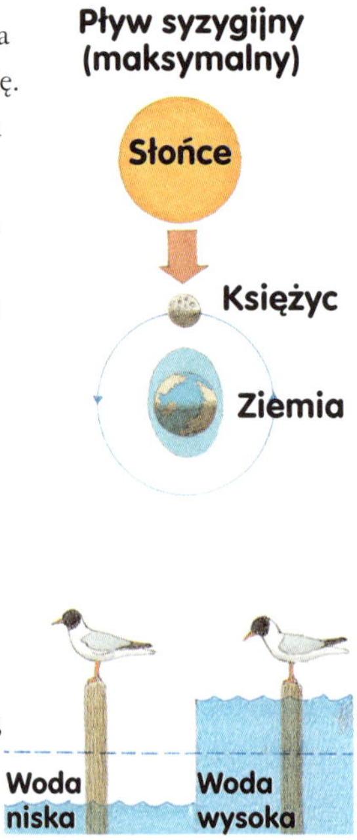

Fale morskie wywoływane są ruchem wiatru i jego tarciem o powierzchnię mórz i oceanów. Im silniejszy wiatr i większa powierzchnia wody, na którą oddziałuje, tym większe tworzą się fale. Woda wbrew pozorom nie przesuwa się wraz z wiatrem, tylko przyjmuje ruch obrotowy, wywołując podobne zjawisko w niższych warstwach wód.

Gdy fala zbliża się do brzegu, niższe warstwy wody zostają zatrzymane przez podnoszące się dno, a wyższe wciąż się przesuwają, by w końcu załamać się po dotarciu na brzeg.

Ciepło Słońca powoduje parowanie wody nie tylko z oceanów, ale także jezior, rzek, roślin i ziemi. Ogrzana para wodna unosi się wysoko, gdzie ulega schłodzeniu, w wyniku którego ponownie zmienia się w wodę i skupia wokół unoszących się w powietrzu maleńkich drobinek, np. morskiej soli lub pyłów. Miliony takich kropelek zbijają się razem, tworząc chmury. W najwyższych partiach chmur woda zamarza i tworzy drobinki lodu.

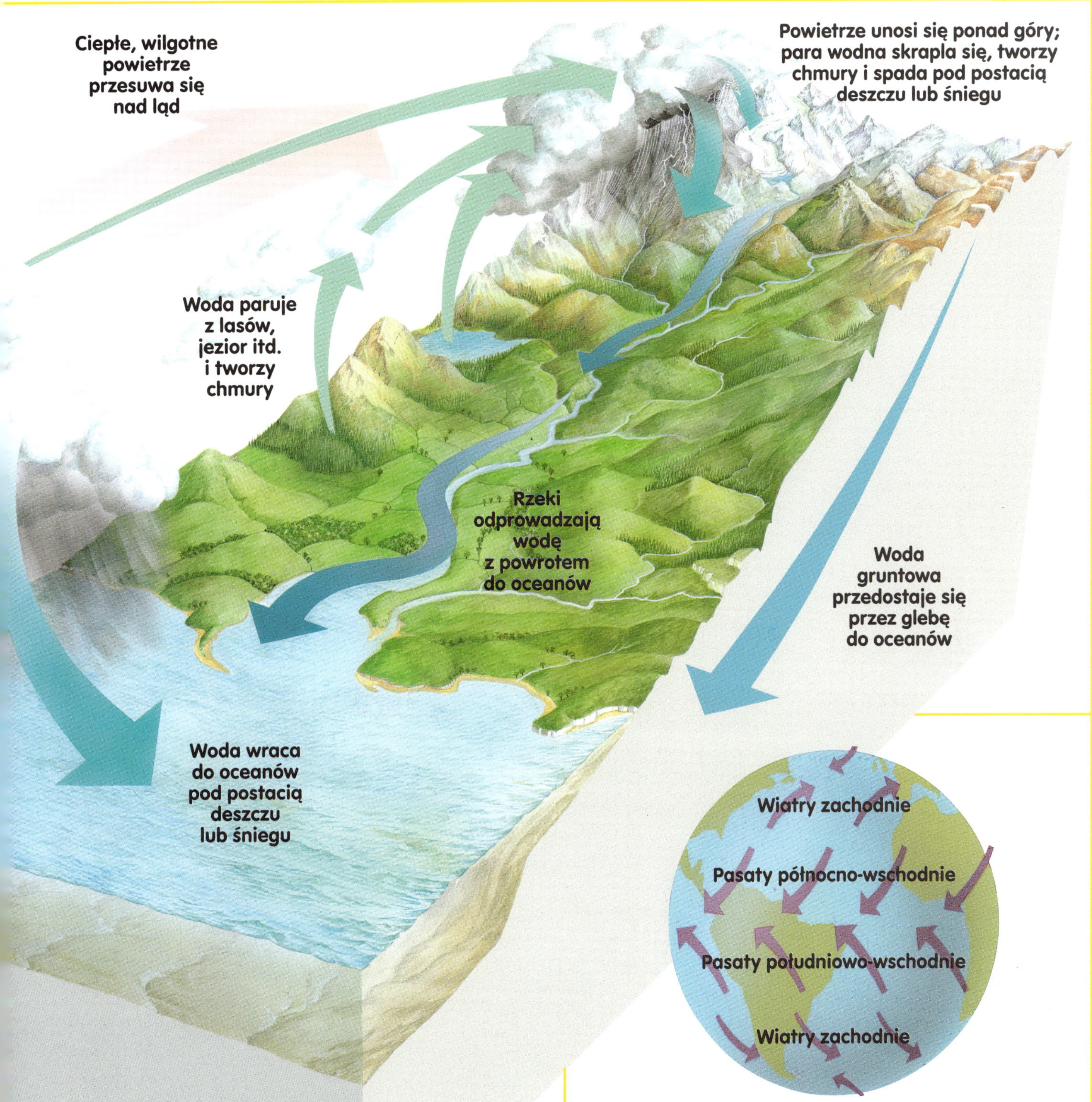

Gdy cząsteczki wody lub lodu robią się zbyt ciężkie, spadają na ziemię pod postacią deszczu albo – gdy temperatura spada poniżej 0°C – śniegu. Większość opadów trafia bezpośrednio do oceanów, ale wiatry niosą ciepłe powietrze albo chmury również nad obszary lądowe. Deszcze i śniegi spadają wtedy na ziemię, gdzie woda formuje rzeki i strumienie, które niosą ją z powrotem do mórz i oceanów. Część wody wsiąka w ziemię i powoli przenika przez warstwy skalne, tworząc wody gruntowe.

Prądy wodne (patrz str. 4) powstają dzięki wiatrom, a wiatry są wynikiem nierównomiernego nagrzewania Ziemi przez Słońce. W rejonach tropikalnych powierzchnia Ziemi jest mocno nagrzana. Gorące powietrze unosi się, a jego miejsce zajmuje chłodne powietrze z północy i południa. Tak powstające wiatry nazywamy pasatami. W wyniku ruchu obrotowego Ziemi pasaty na półkuli północnej odchylają się w prawo, a na półkuli południowej – w lewo. Wiatry rozprowadzają deszczowe chmury nad całą powierzchnię planety.

Zimą chłodne i suche wiatry wieją znad terenów północnej Azji na południe. W tym czasie w Indiach panuje trwająca 6 miesięcy susza, ponieważ znad Oceanu Indyjskiego nie docierają do lądu wilgotne masy powietrza (1). Latem, gdy ziemia ogrzewa się od Słońca, powietrze nad nią staje się cieplejsze od powierza nad oceanem, unosi się i ustępuje miejsca wilgotnym wiatrom przynoszącym silne opady deszczu (2).

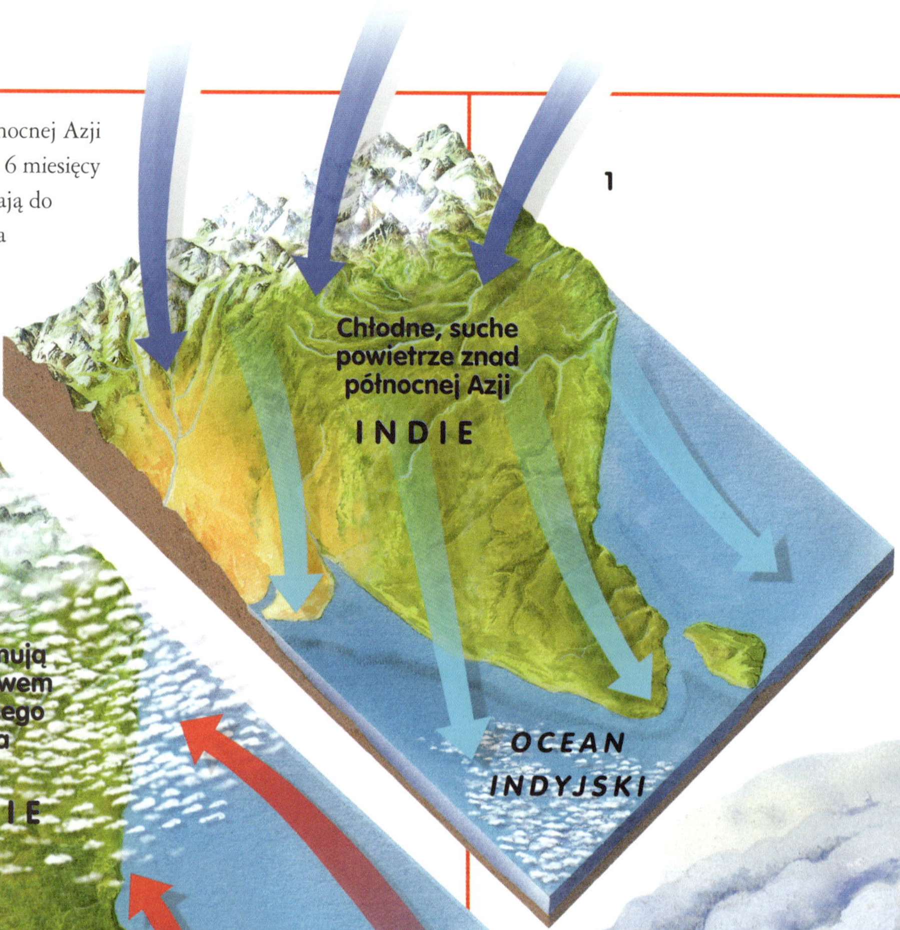

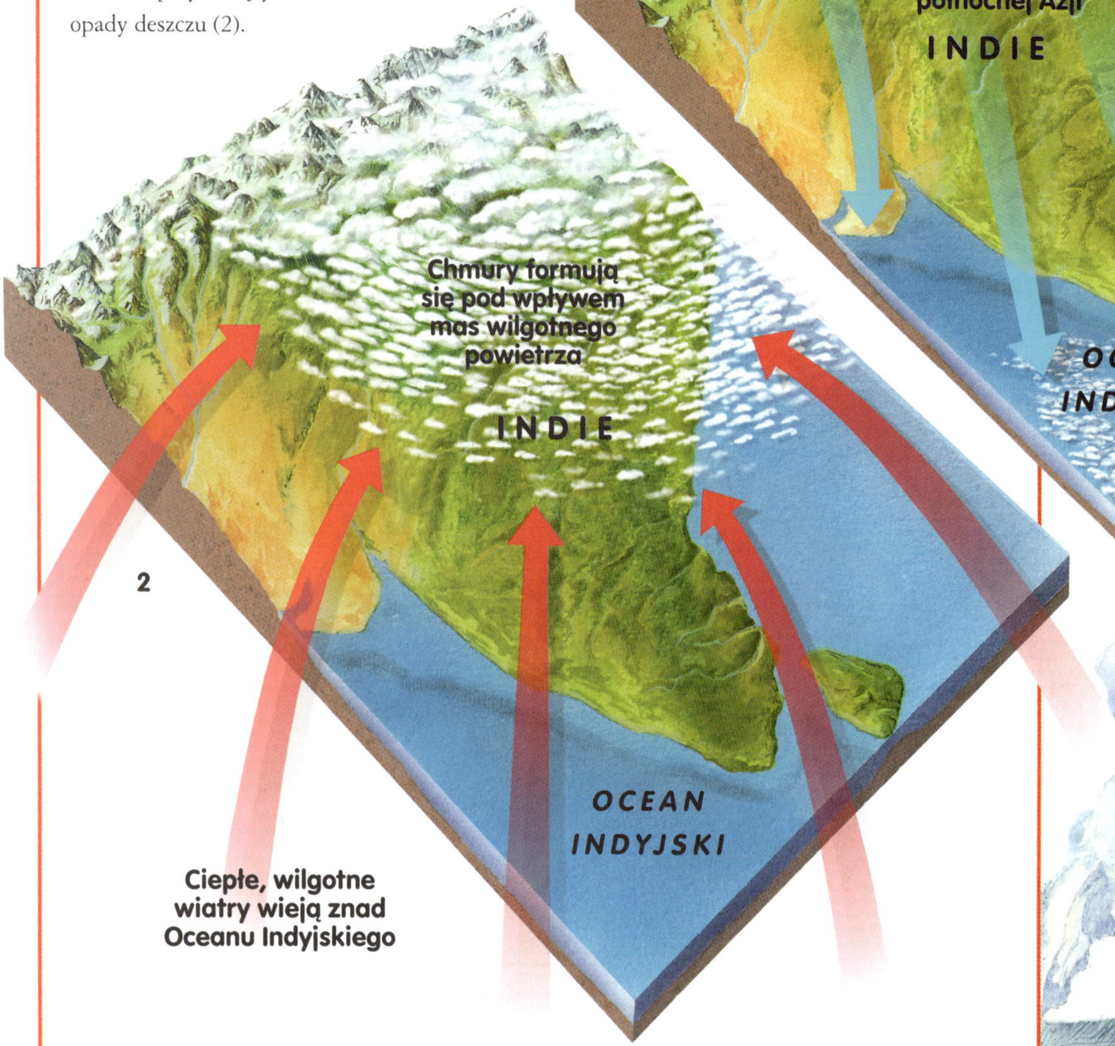

MONSUNY

ŻYCIE MILIONÓW ludzi mieszkających na spalonych słońcem ziemiach Azji Południowej, uzależnione jest od letnich monsunów. Monsuny to wiatry, które zmieniają kierunek zależnie od pory roku. Dzieje się tak wtedy, gdy między temperaturą lądu i wody występują duże różnice. Latem chłodne, suche wiatry wiejące od lądu są zastępowane przez ciepłe i wilgotne wiatry znad Oceanu Indyjskiego, przynoszące silne opady deszczu.

HURAGANY

HURAGANY to wielkie masy powietrza wirującego wokół osi z ogromną prędkością, formujące się nad oceanami w rejonach tropikalnych. Huragany tworzące się nad Oceanem Indyjskim nazywamy cyklonami, a te znad Pacyfiku – tajfunami. To powszechne zjawisko podczas gorących miesięcy, gdy temperatura wody powierzchniowej przekracza 27 °C. Po utworzeniu się, huragany przemieszczają się w kierunku zachodnim. Mogą być niezwykle groźne.

Huragany zwykle powodują ogromne zniszczenia, gdy przemieszczają się nad rejonami zamieszkanymi przez ludzi. Ulewne opady deszczu mogą wywoływać powodzie i lawiny błotne; często niszczą uprawy. Potężne wiatry zrywają dachy, wywracają domy i unoszą ciężkie pojazdy niczym zabawki. W 2005 r. huragan Katrina doprowadził do zalania Nowego Orleanu i spowodował śmierć ponad 1000 ludzi.

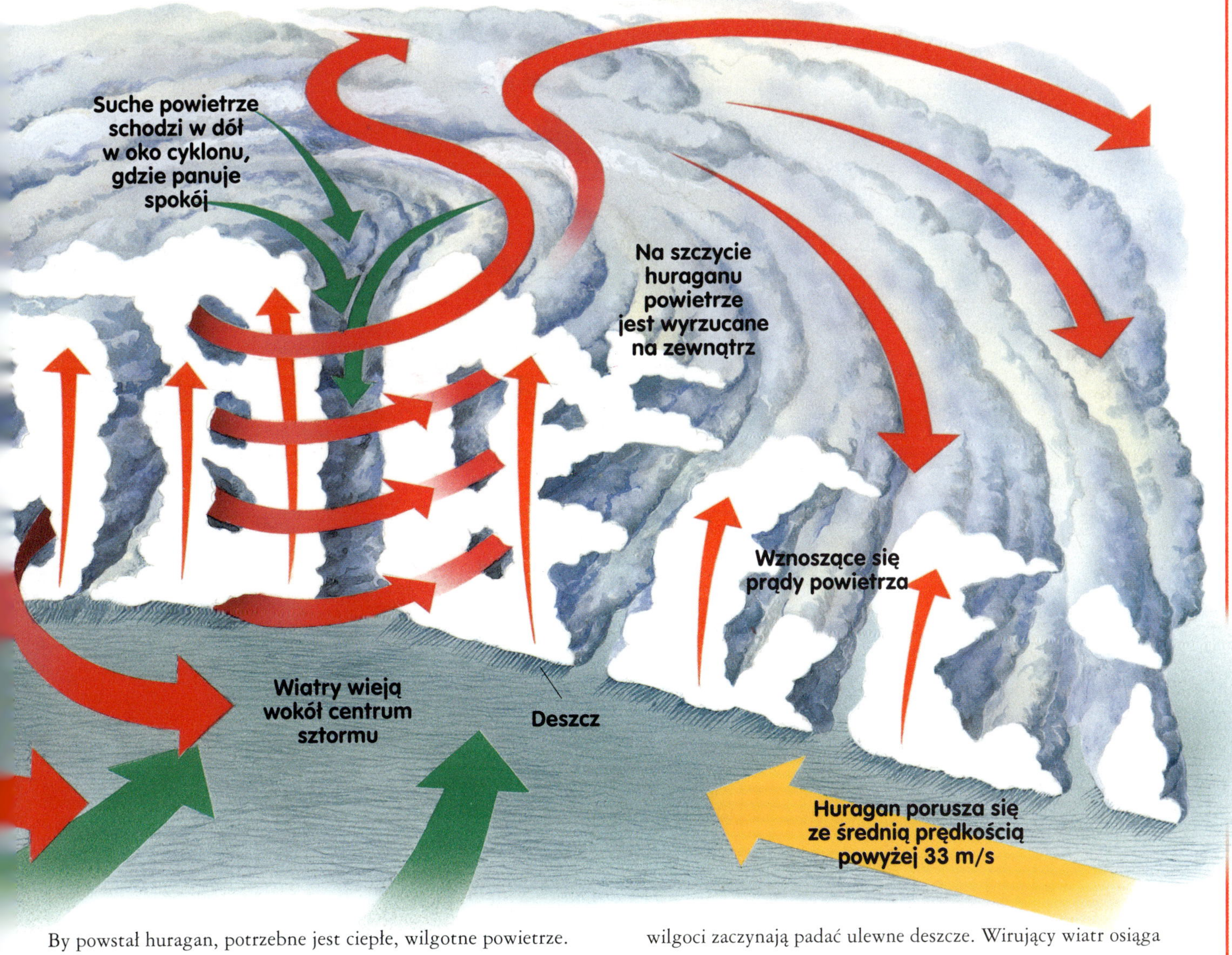

By powstał huragan, potrzebne jest ciepłe, wilgotne powietrze. Podgrzewane przez słońce unosi się do wyższych warstw atmosfery, zasysając jednocześnie więcej powietrza, które zaczyna wirować. Z chmur powstałych w wyniku koncentracji wilgoci zaczynają padać ulewne deszcze. Wirujący wiatr osiąga prędkość 250 km/h. Wewnątrz wiru, zwanego okiem cyklonu, ciepłe powietrze opada, dzięki czemu panuje tam spokój – jest niemal bezwietrznie, nie występują też opady.

OCEAN ATLANTYCKI

ATLANTYK jest drugim co do wielkości oceanem. Pokrywa mniej więcej jedną piątą powierzchni Ziemi. Dno oceanu co roku odrobinę się rozszerza, ponieważ spod skorupy ziemskiej wzdłuż Grzbietu Śródatlantyckiego wypychane są skały wulkaniczne (patrz str. 12). Szerokie szelfy kontynentalne u wybrzeży Europy i Ameryki Północnej to jedne z najbardziej zasobnych w ryby wód świata.

CZY WIESZ, ŻE...?

Węgorze europejskie żyją w rzekach. Dorosłe osobniki pokonują 6000 km przez Ocean Atlantycki, by odbyć tarło i złożyć ikrę w ciepłych, spokojnych wodach Morza Sargassowego. Młode węgorze, by wrócić do Europy, wykorzystują Golfsztrom (Prąd Zatokowy).

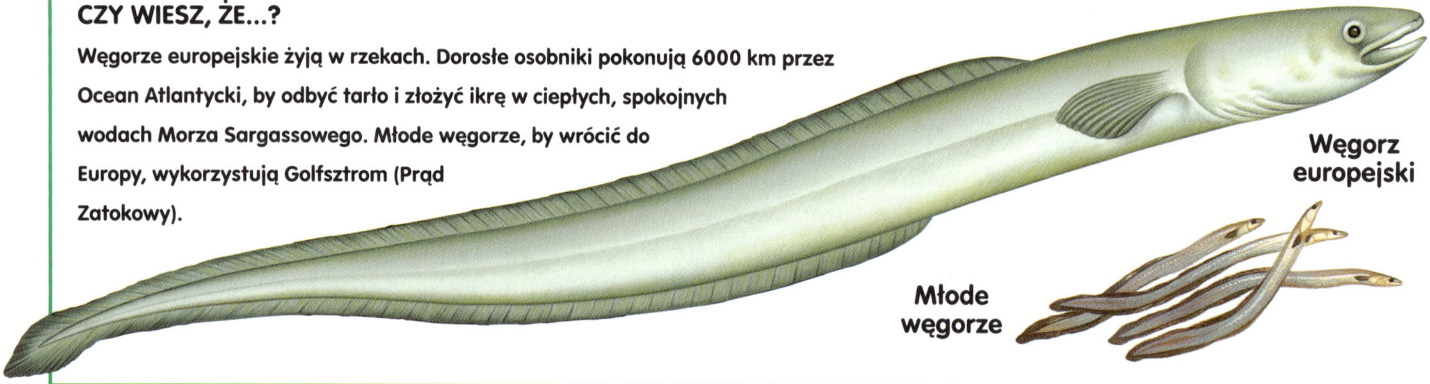

Pierwszymi ludźmi, którzy przepłynęli przez Atlantyk, byli żyjący w Skandynawii wikingowie. Na swoich wytrzymałych łodziach, zwanych knarami, najpierw dopłynęli do Islandii, potem Grenlandii, by na koniec dotrzeć do Nowej Fundlandii. Działo się to około 1000 lat temu.

O wyprawach wikingów nikt już nie pamiętał, gdy Krzysztof Kolumb przemierzał Atlantyk na pokładzie statku „Santa Maria" w 1492 r. Najpierw dotarł na Bahamy leżące niedaleko wybrzeży Ameryki, nie wiedział jednak, że to nowy kontynent – był przekonany, że ma przed sobą Azję.

Pierwszym człowiekiem, który przeleciał nad Atlantykiem bez międzylądowań, był amerykański lotnik Charles Lindbergh. Dokonał tego na pokładzie specjalnie skonstruowanego jednopłatu „Spirit of St. Louis" w 1927 r. Wystartował z Nowego Jorku i choć musiał stawić czoła oblodzeniu maszyny, mgłom i zmęczeniu, dotarł do Paryża po 33 i pół godzinach lotu.

Delfiny zwyczajne żyją we wszystkich oceanach. Często pływają w stadach liczących nawet ponad 100 osobników. Stado podczas polowań na ryby i kałamarnice ściśle ze sobą współpracuje. W razie niebezpieczeństwa delfiny zbijają się w ciaśniejszą grupę. To niezwykle inteligentne i społeczne zwierzęta – potrafią się między sobą porozumiewać przy pomocy kliknięć i gwizdów, a gdy któremuś z nich coś się dzieje, natychmiast spieszą mu z pomocą.

Manaty są ssakami żyjącymi w ciepłych wodach przybrzeżnych. Żywią się roślinami wodnymi rosnącymi w Morzu Karaibskim i Zatoce Meksykańskiej. Każda z płetw wyposażona jest w trzy pazury, które pomagają zwierzętom przytrzymywać pokarm.

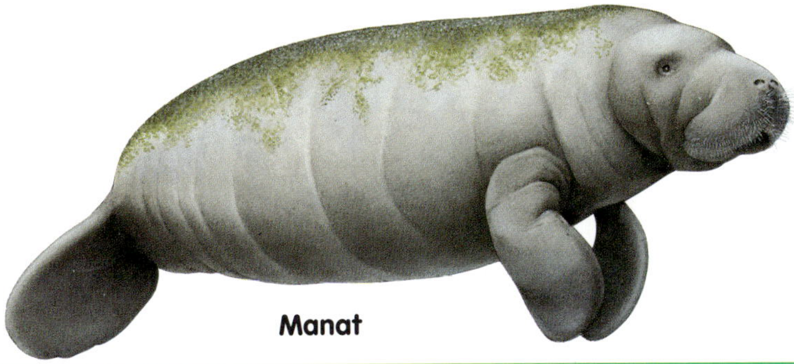

Morświny rzadko daje się zaobserwować nad wodą, choć muszą wypływać na powierzchnię, by zaczerpnąć powietrza. Żyją w północnych wodach w stadach składających się z nie więcej niż 15 osobników. Żywią się rybami, takimi jak śledzie czy makrele.

Co dwa, trzy lata żółwie zielone, pływające w wodach u wybrzeży Ameryki Południowej, wyruszają w liczącą 5000 km podróż do leżącej na środku Atlantyku Wyspy Wniebowstąpienia, by złożyć tam jaja. Młode żółwie często potem wracają na tę samą plażę, na której się wykluły.

OCEAN ATLANTYCKI

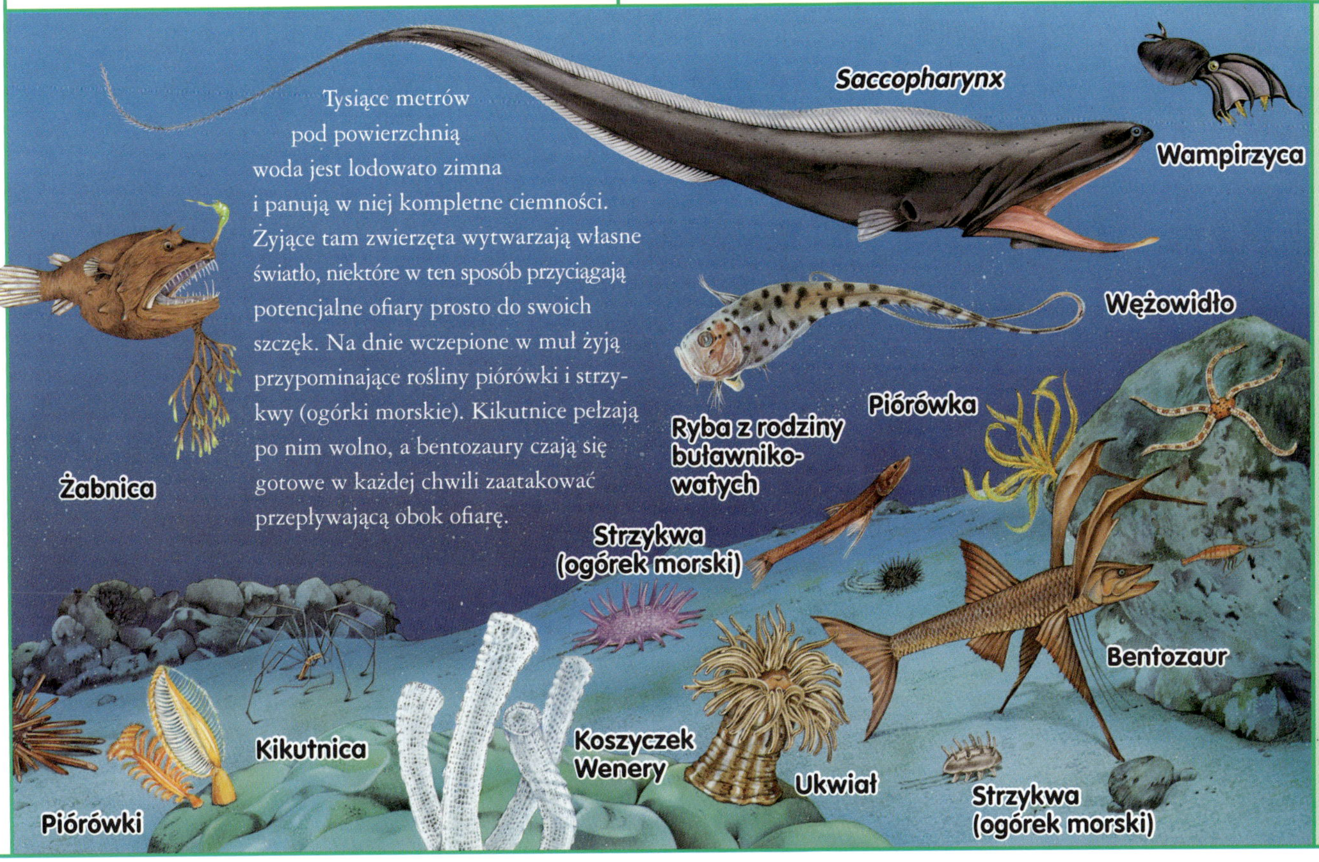

Tysiące metrów pod powierzchnią woda jest lodowato zimna i panują w niej kompletne ciemności. Żyjące tam zwierzęta wytwarzają własne światło, niektóre w ten sposób przyciągają potencjalne ofiary prosto do swoich szczęk. Na dnie wczepione w muł żyją przypominające rośliny piórówki i strzykwy (ogórki morskie). Kikutnice pełzają po nim wolno, a bentozaury czają się gotowe w każdej chwili zaatakować przepływającą obok ofiarę.

DNO OCEANU

DNO OCEANU tworzy w znacznej mierze płaszczyzna zwana równiną abisalną. Leży ona na średniej głębokości 4500 m. Skaliste podłoże pokrywa gruba warstwa osadu, na którą składa się muł, żwir i miliardy szkieletów maleńkich stworzeń, które w ciągu wielu lat nagromadziły się na dnie. Z równiny abisalnej wyrastają góry, wulkany i długie, ciągnące się tysiące kilometrów grzbiety. Czasem równiny przecinają głębokie rowy (patrz str. 16).

Oceany nie zawsze miały taki kształt jak obecnie. W ciągu milionów lat kontynenty dryfowały po powierzchni Ziemi. Podczas okresu jurajskiego, 250 mln lat temu (po lewej na górze), Afryka i Ameryka Południowa tworzyły jeden ląd. Ocean Atlantycki był niewielkim morzem, a Europa składała się z wysp. Z czasem Atlantyk się rozrósł, ale w okresie kredowym duże obszary Afryki, Europy i Ameryki Północnej wciąż pozostawały pod wodą (po lewej na dole).

Z równiny abisalnej wyrastają góry zwane górami podwodnymi. W niektórych miejscach ich wierzchołki wznoszą się ponad powierzchnię wody, tworząc wyspy oceaniczne. Wiele z takich wysp to aktywne wulkany (patrz str. 19).

Grzbiety śródoceaniczne przypominają wielkie łańcuchy górskie na lądach. Powstają na dnie wszystkich oceanów – Arktycznego, Atlantyckiego, Indyjskiego i Spokojnego. Tu płynna skała jest wypychana spod skorupy ziemskiej w miejscach, gdzie stykają się płyty tektoniczne (patrz sąsiednia strona). Pęknięcia zwane uskokami transformacyjnymi biegną pod kątem prostym do grzbietu.

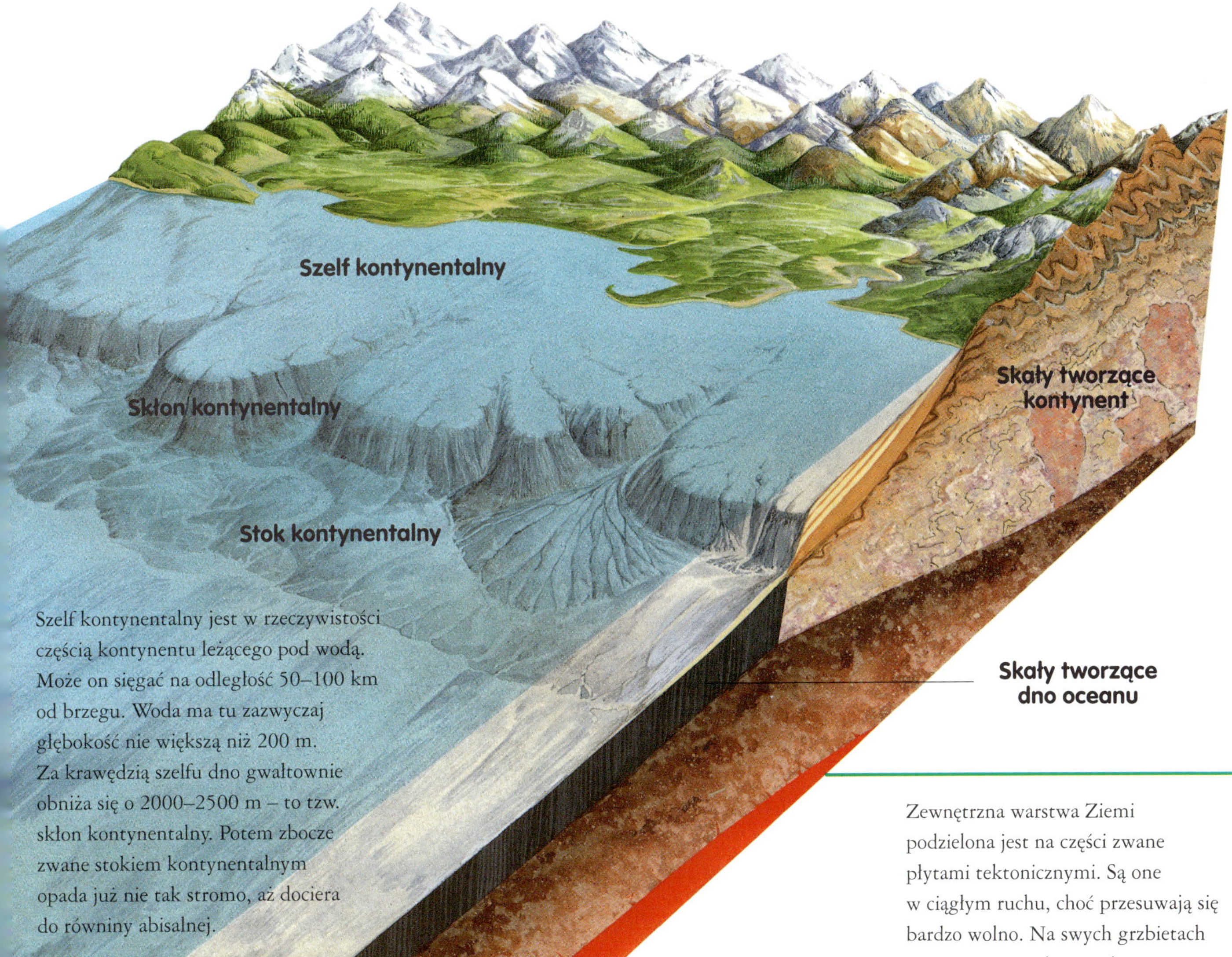

Szelf kontynentalny jest w rzeczywistości częścią kontynentu leżącego pod wodą. Może on sięgać na odległość 50–100 km od brzegu. Woda ma tu zazwyczaj głębokość nie większą niż 200 m. Za krawędzią szelfu dno gwałtownie obniża się o 2000–2500 m – to tzw. skłon kontynentalny. Potem zbocze zwane stokiem kontynentalnym opada już nie tak stromo, aż dociera do równiny abisalnej.

Zewnętrzna warstwa Ziemi podzielona jest na części zwane płytami tektonicznymi. Są one w ciągłym ruchu, choć przesuwają się bardzo wolno. Na swych grzbietach niosą zarówno kontynenty, jak i dna oceanów. W miejscach, gdzie brzegi płyt napierają na siebie, jedna może być wpychana pod drugą. Tam, gdzie płyty się od siebie oddalają, powstałe przestrzenie wypełnia wypychana spod spodu gorąca płynna skała. W zetknięciu z zimną wodą skała schładza się i zastyga, powiększając w ten sposób powierzchnię między wciąż oddalającymi się płytami. Jest to tzw. proces rozrastania się dna morskiego, czyli *spreadingu*. Ocean Atlantycki każdego roku powiększa się w ten sposób o około 5 cm.

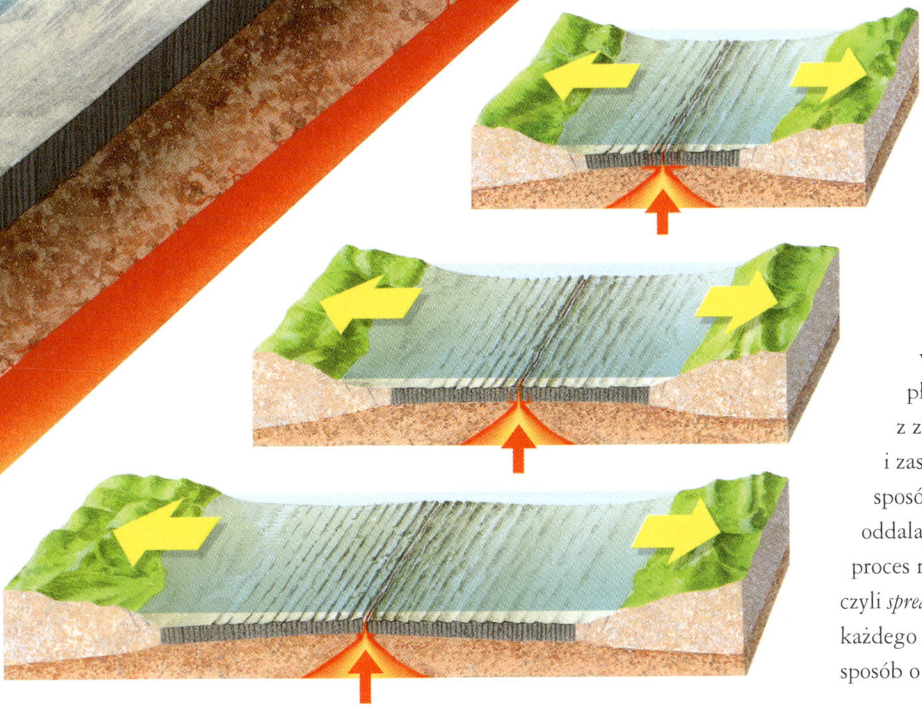

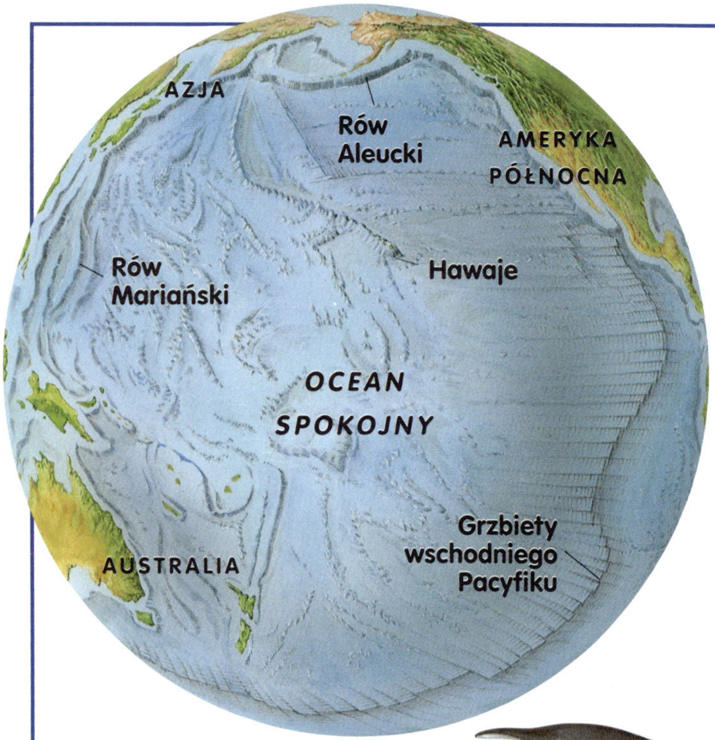

OCEAN SPOKOJNY (PACYFIK)

OCEAN SPOKOJNY jest największym oceanem Ziemi, pokrywa około jedną trzecią jej powierzchni – to więcej niż wszystkie lądy razem wzięte. Jest to też najgłębszy zbiornik wodny – średnia głębokość wynosi tu ponad 4000 m. Dno Pacyfiku nie jest płaskie, wręcz przeciwnie – wyrastają z niego tysiące gór podwodnych i wysp wulkanicznych, występuje tu też niemała liczba rowów.

CZY WIESZ, ŻE...?

Mierzący nawet 7 m długości wstęgor królewski z charakterystyczną czerwoną „grzywą" może być pierwowzorem węży morskich pojawiających się w starych legendach i mitach. Wstęgory żyją w ciepłych wodach na głębokości do 600 m.

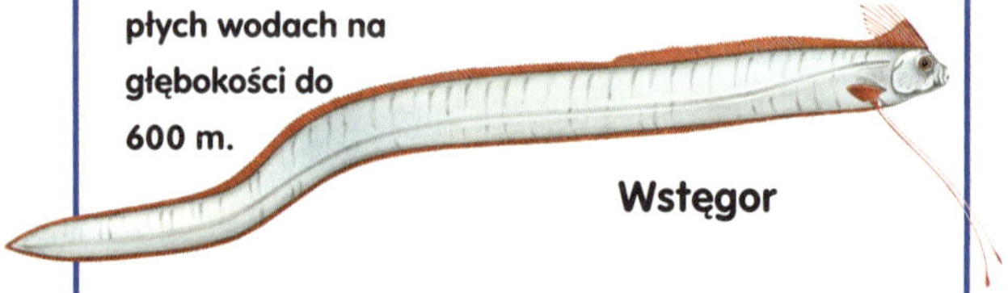

Wstęgor

Manta (diabeł morski)

Nazwa „manta" pochodzi od hiszpańskiego słowa określającego płaszcz. Zwierzę to zwane jest też diabłem morskim ze względu na dwie płetwy przypominające rogi. Manty pływają, wachlując potężnymi „skrzydłami". Żywią się planktonem i niewielkimi rybami, które „przesiewają" przez skrzela.

Pierwszymi żeglarzami przemierzającymi Ocean Spokojny byli przodkowie współczesnych Polinezyjczyków. Wyprawy dalekomorskie zaczęli podejmować około 5000 lat temu. Wyspy południowego Pacyfiku rozsiane są na przestrzeni tysięcy kilometrów kwadratowych. By do nich dotrzeć, ludzie budowali potężne, solidne czółna, wystarczająco duże, żeby pomieścić nawet 100 pasażerów. Na otwartym morzu odnajdywali właściwy kierunek, obserwując gwiazdy.

Ośmiornica olbrzymia

Z ramionami o rozpiętości do 9 m, ośmiornica olbrzymia jest największą ośmiornicą świata. Zwierzę używa ramion pokrytych przyssawkami do poruszania się po dnie morskim i chwytania pożywienia – krabów i homarów, które rozgniata potężnymi szczękami przypominającymi dziób. Ośmiornice są inteligentne i mają bardzo dobry wzrok – obie te cechy przydają się zarówno podczas polowań, jak i unikania napastników. Chroniąc się przed niebezpieczeństwem, zmieniają kolor, wypuszczają na napastnika specjalny barwnik lub salwują się szybką ucieczką – są zdolne do dużych przyśpieszeń.

Fregaty wielkie żyją nad wodami Ameryki Środkowej i Południowej. Żywią się rybami i kałamarnicami, które chwytają przy powierzchni wody. Mają też drugą skuteczną metodę zdobywania pożywienia – ścigają inne ptaki morskie tak długo, aż te porzucą schwytany łup.

Burzyk cienkodzioby charakteryzuje się długimi, wąskimi skrzydłami, które umożliwiają bardzo szybkie szybowanie. Jedzenie chwyta, zagarniając ryby i plankton z powierzchni wody podczas lotu. Okres lęgowy spędza na wybrzeżach Australii. W kwietniu leci nad zachodnim Pacyfikiem na północ, aż do Morza Beringa. Wraca we wrześniu, przelatując nad środkowym oceanem. Każdego roku pokonuje około 15 000 km w jedną stronę.

Wody Pacyfiku u wybrzeży Rosji i Kalifornii porastają lasy brunatnic. Brunatnice to gatunek wodorostów. Rosną bardzo szybko i osiągają długość nawet powyżej 40 m. Są doskonałym źródłem pożywienia dla różnych zwierząt – ryb, gąbek, ukwiałów, rozgwiazd, ślimaków i homarów. Te z kolei są pokarmem dla większych ryb, uchatek i wydr. Wydry kontrolują też liczbę żywiących się brunatnicami jeżowców, które chętnie zjadają. Do rozbijania pancerzyków używają kamieni.

PIERŚCIEŃ OGNIA

Płyty tektoniczne będące w nieustannym ruchu oddziałują na siebie na różne sposoby: ocierają się o siebie krawędziami, napierają na siebie, w wyniku czego jedna może być wpychana pod drugą (patrz str. 13), a czasem się ze sobą sczepiają, by za chwilę, z powodu zbyt wysokiego ciśnienia, oderwać się od siebie. Skutkiem takich gwałtownych reakcji są trzęsienia ziemi. Również większość wulkanów swoją aktywność zawdzięcza położeniu w pobliżu miejsc, gdzie stykają się płyty. Wokół Oceanu Spokojnego takich miejsc jest wiele. Występujące tam liczne wulkany i trzęsienia ziemi tworzą krąg zwany Pierścieniem Ognia.

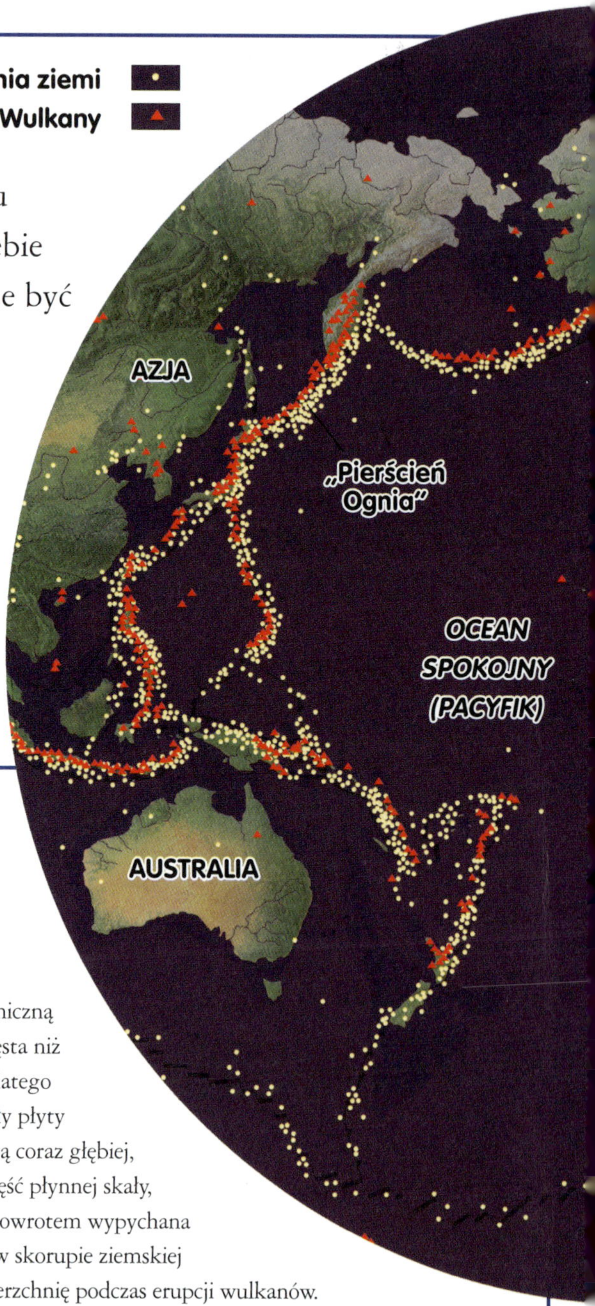

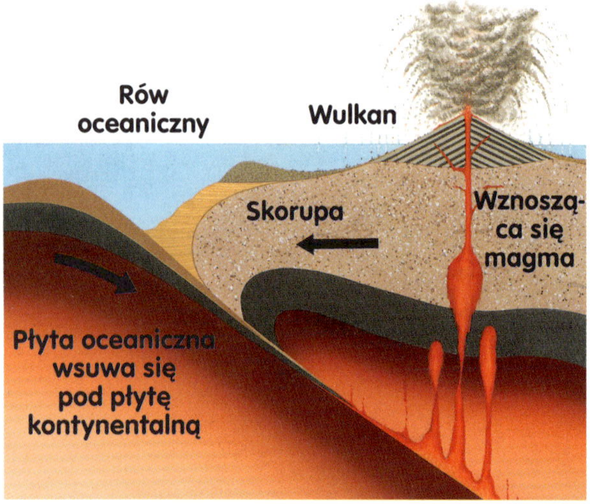

Rowy oceaniczne powstają w miejscach, gdzie pod dnem oceanu jedna płyta tektoniczna jest wpychana pod drugą. Płyta zwana płytą oceaniczną jest cieńsza i bardziej gęsta niż płyta kontynentalna, dlatego się pod nią wsuwa. Skały płyty oceanicznej wpychane są coraz głębiej, aż ulegną stopieniu. Część płynnej skały, zwanej magmą, jest z powrotem wypychana w górę przez szczeliny w skorupie ziemskiej i wydostaje się na powierzchnię podczas erupcji wulkanów.

Rowy oceaniczne są niczym głębokie rany na równinie abisalnej wokół Oceanu Spokojnego. Najgłębszym z nich jest Rów Mariański położony na wschód od Filipin. Najniżej położonym punktem jest tzw. głębia Challenger, leżąca 10 920 m pod powierzchnią wody.
W 1960 r. dwóch naukowców, Jacques Piccard i Don Walsh, na pokładzie batyskafu (rodzaj statku podwodnego) o nazwie „Trieste" dotarli niemal na samo jej dno. Wyprawa trwała prawie pięć godzin.

Naukowcy siedzieli w przymocowanej pod dnem batyskafu specjalnej kapsule o ścianach grubości 13 cm, które były w stanie wytrzymać ogromne ciśnienie.

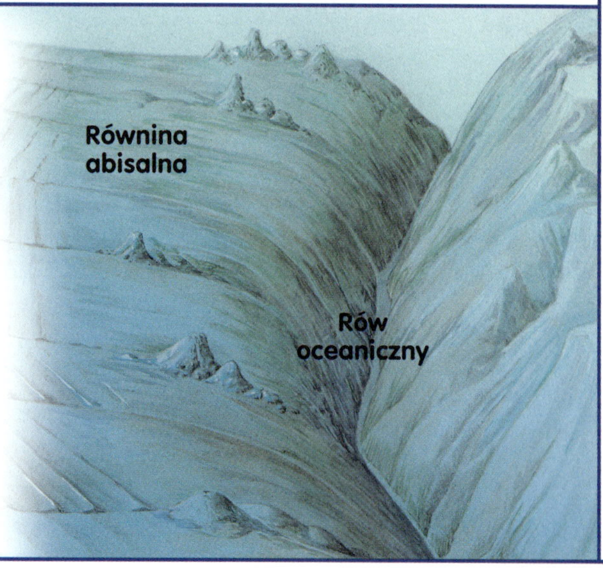

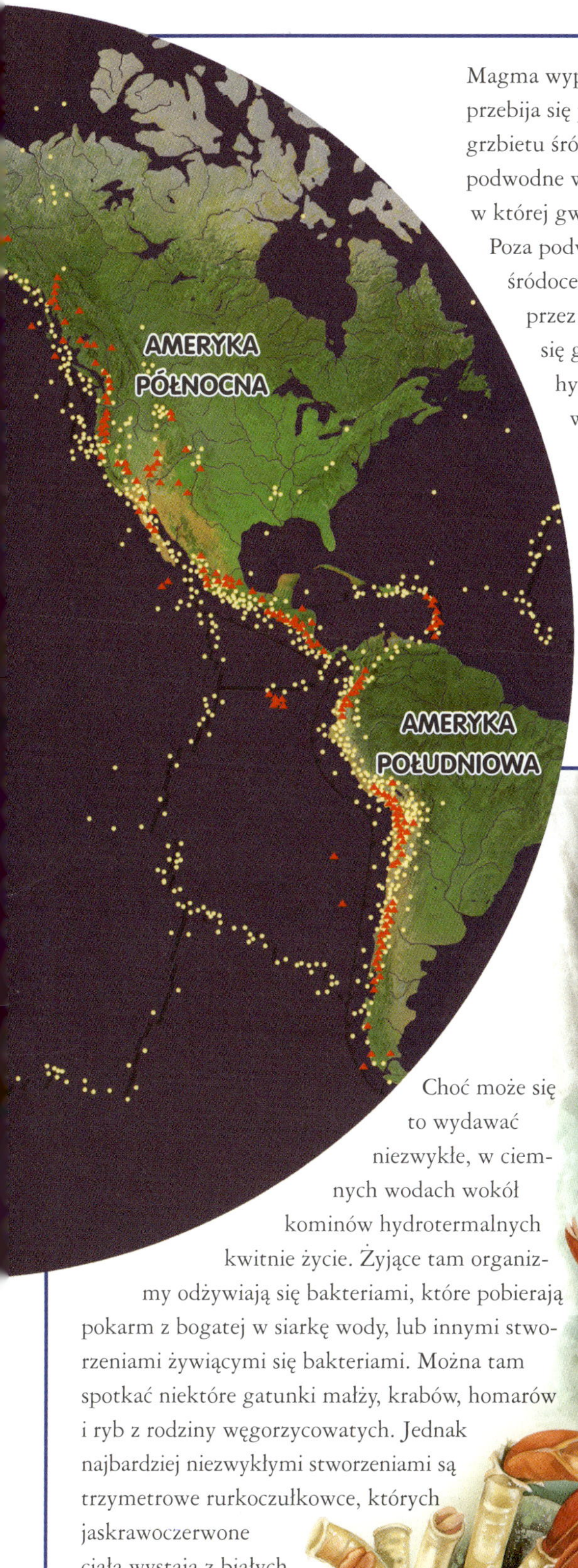

Magma wypychana w górę z dużych głębokości przebija się przez skorupę Ziemi na całej długości grzbietu śródoceanicznego. Wydostając się przez podwodne wulkany, natrafia na zimną wodę, w której gwałtownie się ochładza i zamienia w skałę. Poza podwodnymi wulkanami na grzbietach śródoceanicznych występują też szczeliny, przez które w niektórych miejscach wydostaje się gorąca woda. Są to tzw. kominy hydrotermalne. Jak to działa? Zimna woda oceaniczna przenika przez pęknięcia w dnie, gdzie zostaje podgrzana magmą i następnie wyrzucona w górę przez kominy. Woda ta zawiera dużo siarki i rozpuszczonych minerałów z podłoża, dlatego często, wydobywając się z komina, przybiera formę ciemnej zawiesiny w kształcie pióropusza. Takie kominy są czasem nazywane „black smokers".

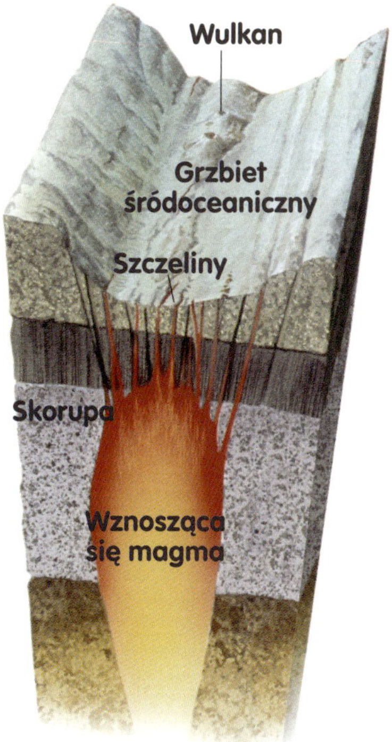

Choć może się to wydawać niezwykłe, w ciemnych wodach wokół kominów hydrotermalnych kwitnie życie. Żyjące tam organizmy odżywiają się bakteriami, które pobierają pokarm z bogatej w siarkę wody, lub innymi stworzeniami żywiącymi się bakteriami. Można tam spotkać niektóre gatunki małży, krabów, homarów i ryb z rodziny węgorzycowatych. Jednak najbardziej niezwykłymi stworzeniami są trzymetrowe rurkoczułkowce, których jaskrawoczerwone ciała wystają z białych pancerzyków w kształcie rurek niczym tulipany.

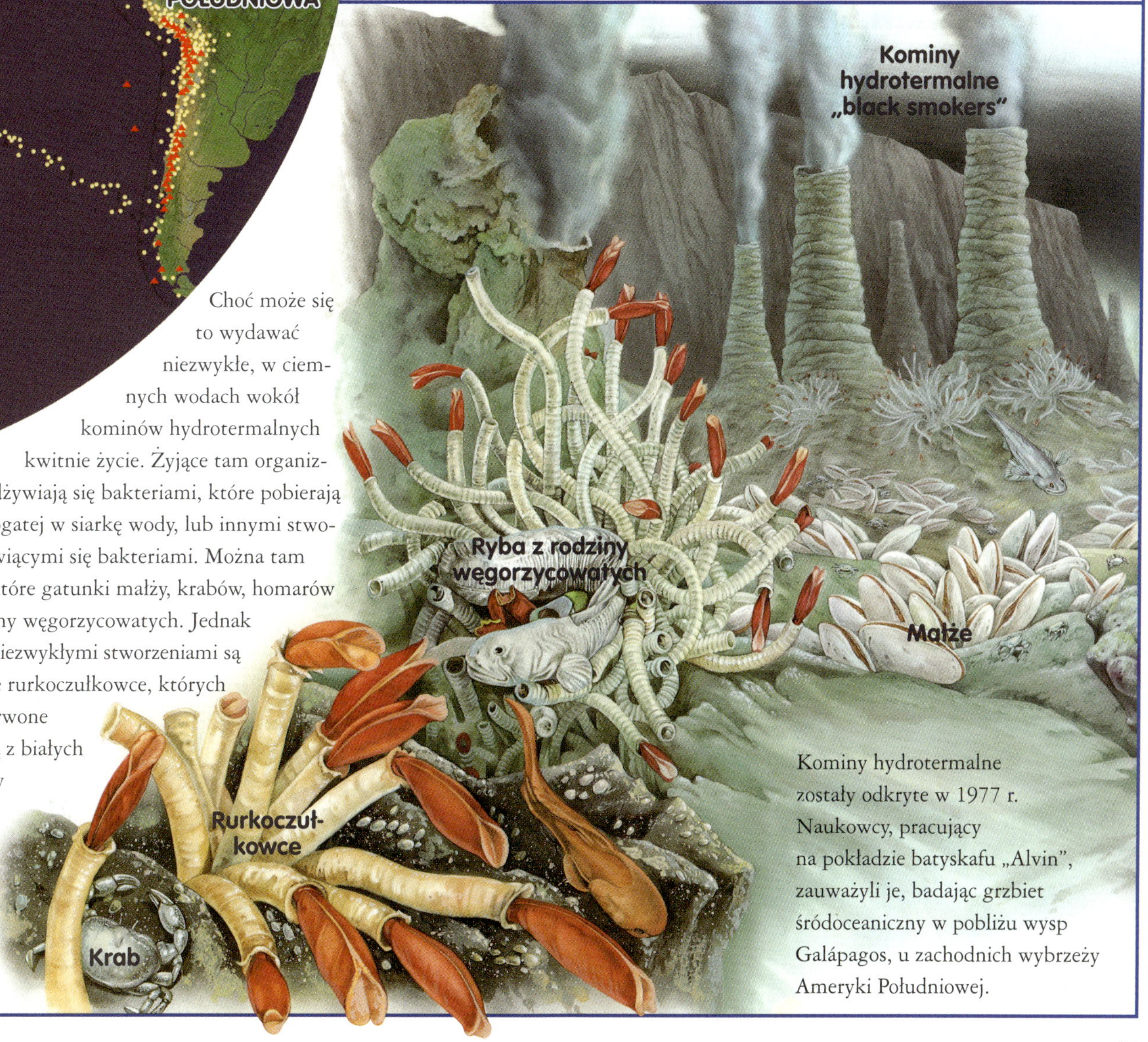

Kominy hydrotermalne zostały odkryte w 1977 r. Naukowcy, pracujący na pokładzie batyskafu „Alvin", zauważyli je, badając grzbiet śródoceaniczny w pobliżu wysp Galápagos, u zachodnich wybrzeży Ameryki Południowej.

WYSPY KORALOWE

RAFY KORALOWE są domem tysięcy gatunków morskich zwierząt. Tworzą je wapienne szkielety maleńkich stworzeń (koralowców), które rosnąc, przybierają urzekające urodą i różnorodnością kształty. Koralowce żyją w ciepłych, płytkich wodach wokół wysp wulkanicznych lub niedaleko skalistych wybrzeży stref tropikalnych. Ich kolonie zwane rafami koralowymi mogą w ciągu setek lat rozrastać się do ogromnych rozmiarów. Największą i najsłynniejszą rafą świata jest Wielka Rafa Koralowa na Oceanie Spokojnym, niedaleko wybrzeży Australii.

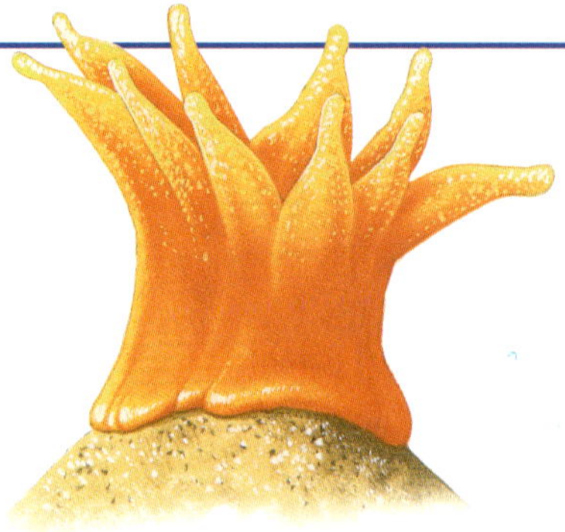

Korale to wapienne szkielety niewielkich stworzeń zwanych koralowcami, mających postać polipów o szerokości około 5 mm. Koralowce są spokrewnione z ukwiałami i meduzami, żyją w potężnych koloniach. Chronią swoje delikatne ciała, obudowując je twardą strukturą wapienną. Żywią się maleńkimi roślinami wodnymi. Po śmierci pozostają po nich stwardniałe powłoki.

W rafach koralowych aż roi się od żywych organizmów. Mieniące się różnymi barwami ryby mają tu pod dostatkiem alg (glonów) – niewielkich roślin unoszących się w wodach wokół rafy – lub gąbek. Inne ryby, takie jak rekiny, płaszczki czy barakudy, żerują na innych zwierzętach rafowych. Murena czai się w szczelinach, gotowa w każdej chwili zaatakować przepływającą rybę lub ośmiornicę. Amfipriony (błazenki) dla bezpieczeństwa wolą się trzymać blisko parzących czułków ukwiałów.

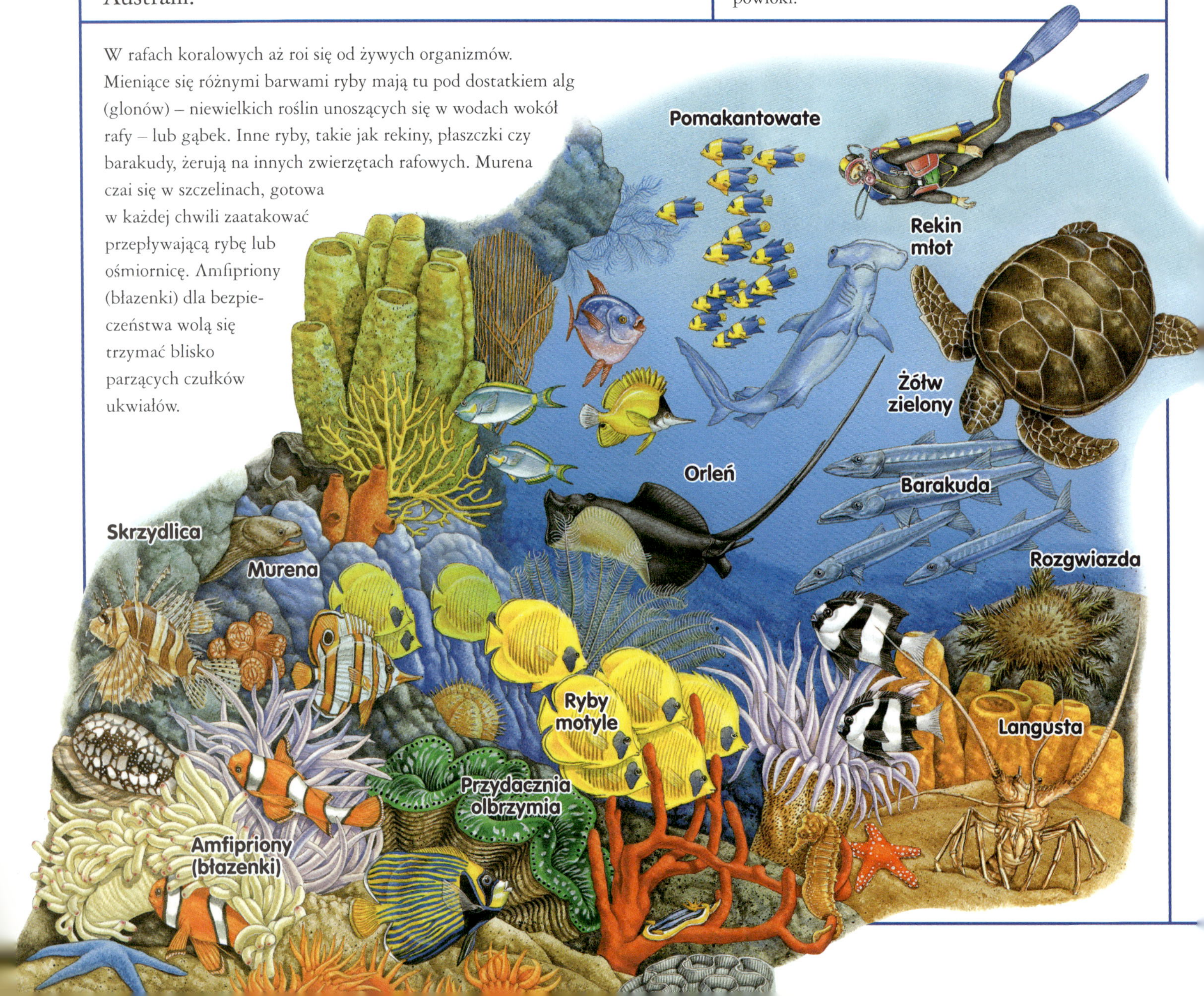

Tysiące wysp wulkanicznych na Oceanie Spokojnym powstały na tzw. plamach gorąca. To miejsca, gdzie magma przeciska się przez skorupę ziemską, aż dotrze do dna oceanu i tam zaczyna wyciekać, wskutek czego tworzy się wulkan. Powtarzające się erupcje mogą doprowadzić do takiego wzrostu wulkanu, że jego wierzchołek zaczyna być widoczny nad powierzchnią wody – tak powstaje wyspa. Przykładem wysp będących wierzchołkami potężnych wulkanów są Hawaje. Płyta pacyficzna, która jest w nieustannym ruchu od milionów lat przesuwa te wyspy coraz dalej od plam gorąca. Na uwolnionym miejscu zaczyna powstawać następna wulkaniczna wyspa, a potem następna i następna, aż w końcu tworzy się ich cały łańcuch. Niektóre z wysp hawajskich są kilka milionów lat starsze od tych, które wciąż leżą na plamach gorąca.

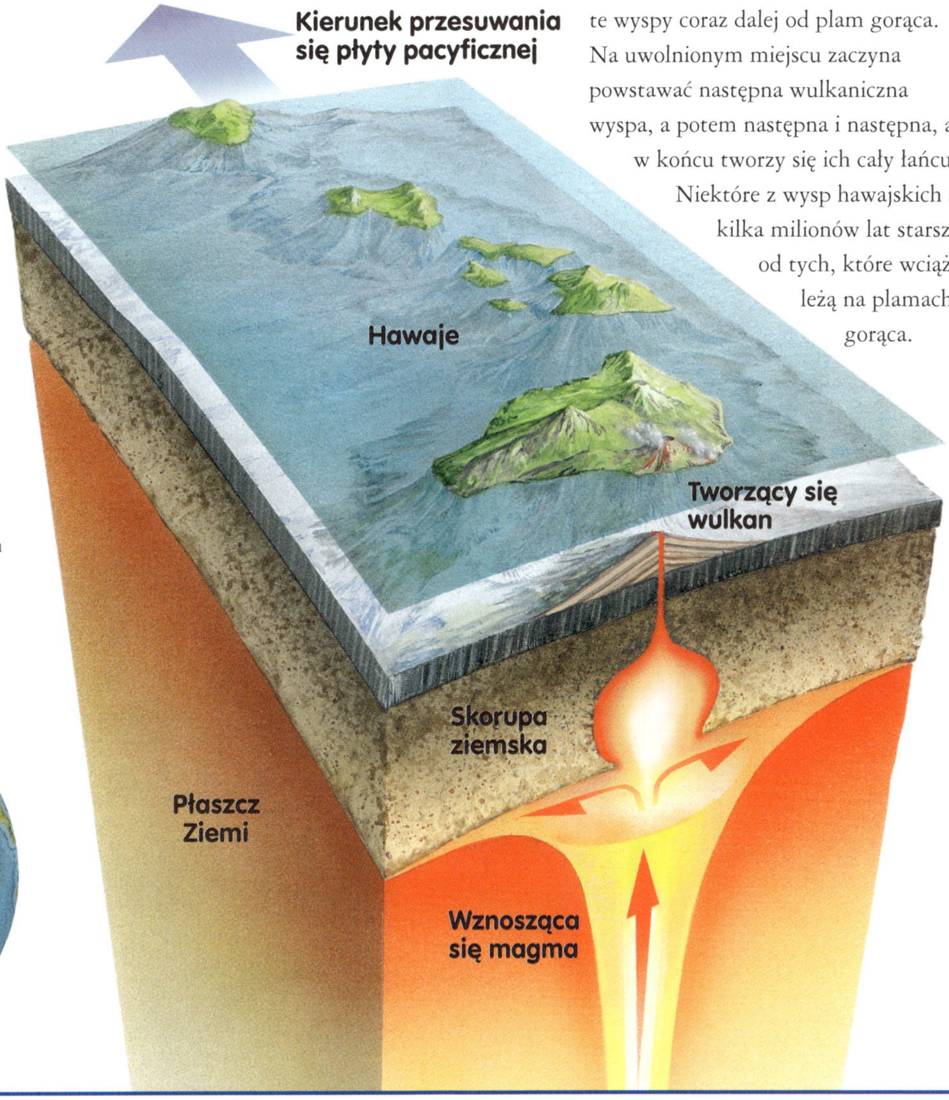

Gdy wyspa wulkaniczna przemieści się znad plamy gorąca, magma nie ma już dostępu do tworzącego wyspę wulkanu, nie może go więc zasilać, wskutek czego wulkan zaczyna się zapadać. Jeśli proces ten zachodzi stopniowo, rafa przybrzeżna powstająca wokół wyspy coraz bardziej się nadbudowuje. Dzieje się tak dlatego, że koralowce potrzebują światła słonecznego, więc muszą tworzyć coraz wyższą rafę, by trzymać się blisko powierzchni wody.

W końcu rafa przyjmuje kształt okręgu otaczającego lagunę, tworzącą się wokół zapadającej się wyspy. Z czasem wyspa znika z powierzchni wody i pozostaje tylko pierścień wysepek koralowych zwany atolem. Wśród Wysp Towarzystwa na południowym Pacyfiku znajdują się wyspy wulkaniczne w różnym stadium: Tahiti to wyspa otoczona rafami przybrzeżnymi, Bora-Bora – atol „w budowie", Tetiaroa – atol.

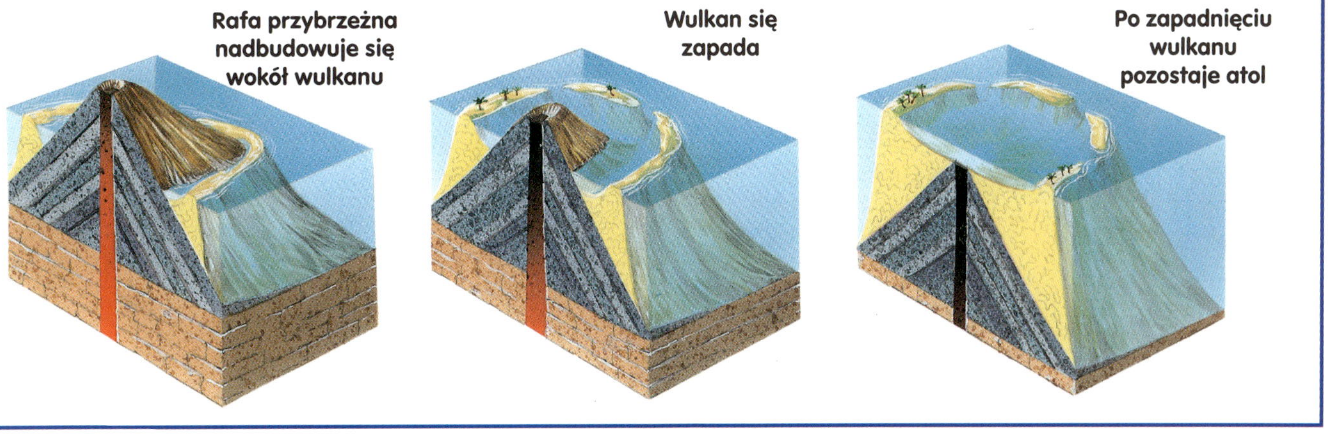

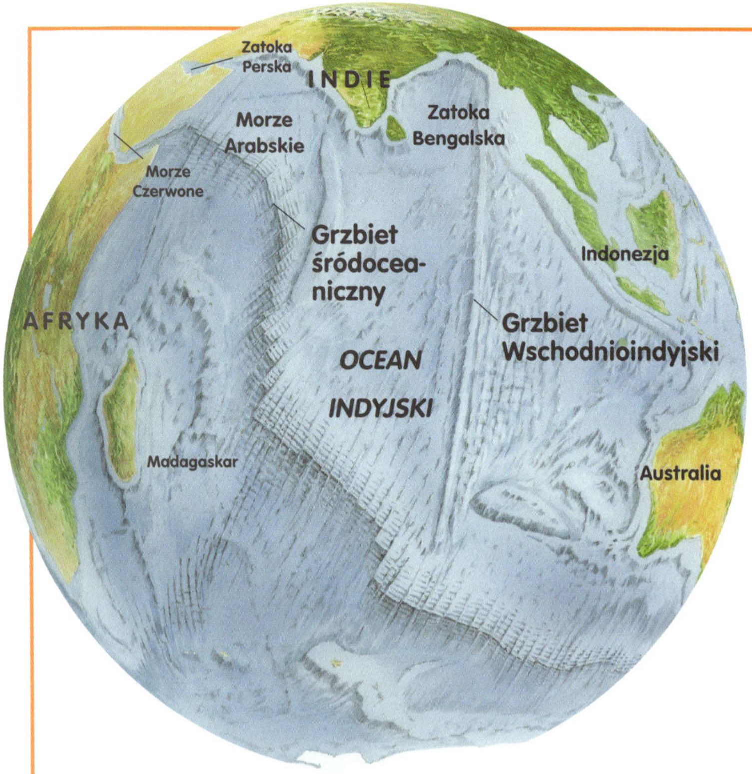

OCEAN INDYJSKI

OCEAN INDYJSKI jest trzecim co do wielkości oceanem świata. Charakterystyczną dla niego cechą jest przebieg grzbietów śródoceanicznych, który kształtem przypomina odwróconą literę Y. Jedno ramię ciągnie się wzdłuż Afryki, by w końcu złączyć się z Grzbietem Środkowoatlantyckim. Drugie z kolei biegnie na południe od Australii, i dociera do Grzbietu Wschodniopacyficznego. Inną ciekawą cechą dna Oceanu Indyjskiego jest Grzbiet Wschodnioindyjski zwany też Grzbietem 90°E, ponieważ ciągnie się wzdłuż południka 90°E.

CZY WIESZ, ŻE...?

Wszystkie ssaki, gady i ptaki są potomkami ryb, które wychodziły z wody na ląd, używając kończynopodobnych płetw. Latimeria jest jednym z gatunków tych ryb. Naukowcy uważali, że latimerie wymarły miliony lat temu, aż do 1938 r., gdy w Oceanie Indyjskim złapano żywy okaz.

Latimeria

Mangrowce

Jednym z pierwszych żeglarzy odkrywców Oceanu Indyjskiego był chiński admirał Zheng He. W latach 1405–1433 odbył on kilka wypraw dalekomorskich, docierając do wschodnich wybrzeży Afryki. Chińskie statki zwane „junk" były większe i bardziej wytrzymałe od tych, jakie wówczas budowano na Zachodzie.

Lasy mangrowe rosną w zacisznych zatokach i ujściach rzek w strefach tropikalnych, dlatego można je też spotkać nad brzegami Oceanu Indyjskiego. W przeciwieństwie do większości drzew, mangrowce mogą rosnąć w słonej wodzie. Ich korzenie wystają ponad lustro wody, dlatego niezbędny tlen pobierają też z powietrza. W ich plątaninie zatrzymuje się dużo mułu, tworząc środowisko bogate w składniki odżywcze, zapewniające doskonałe warunki do rozwoju dla wielu gatunków zwierząt. Jednym z nich są poskoczki mułowe – ryby, które podczas odpływu chodzą po mule w poszukiwaniu owadów.

Poskoczek mułowy

Faeton czerwonosterny

Faetony czerwonosterne odbywają porę lęgową na wyspach leżących daleko na oceanie. By schwytać pożywienie, najpierw szybują nad wodą, wypatrując ofiary, a potem pikują w dół.

Koryfena

Koryfeny żyją w ciepłych wodach wszystkich oceanów. Żywią się rybami i kałamarnicami.

Rekin wielorybi

Rekiny żyją we wszystkich oceanach świata. Większość z nich to drapieżniki, choć te największe, do których zalicza się też rekin wielorybi, żywią się głównie szczętkami (krylem) (patrz str. 25) lub małymi rybkami, takimi jak sardele. Żeby je schwytać, przefiltrowują wodę, wykorzystując do tego część skrzeli. By wytropić ofiarę, rekiny polegają na zmyśle węchu i umiejętności wykrywania ruchu pod wodą. Wiele rekinów, jak np. żarłacze białe, ma potężne, ostre jak brzytwa zęby ustawione w rzędy. Większość poluje na ryby i kałamarnice, ale duże rekiny nie pogardzą też wydrami czy żółwiami.

Piłonos

Rekiny wielorybie lubią wody tropikalne. Osiągają długość nawet 15 m, co czyni je największymi rybami świata. Żarłacze białe mają do 7 m długości! To niebezpieczne drapieżniki – znane są przypadki ich ataków na ludzi. Piłonosy mają zaledwie metr długości. Trzymają się blisko dna, które przeszukują, chcąc znaleźć pożywienie, za pomocą pyska w kształcie piły, zwanego rostrum.

Żarłacz biały

Kaszalot potrafi zejść na głębokość 1000 m, a może nawet więcej, w poszukiwaniu swojego ulubionego pożywienia – kałamarnicy olbrzymiej. Jak wszystkie ssaki, kaszalot oddycha powietrzem, musi więc wracać na powierzchnię, ale pod wodą może spędzić nawet do dwóch godzin. Nikomu jeszcze nie udało się zaobserwować kaszalota atakującego kałamarnicę, ale takie starcia są prawdopodobnie bardzo gwałtowne.

Kałamarnica olbrzymia

Kaszalot

OCEAN INDYJSKI

TSUNAMI

26 GRUDNIA 2004 r. u wybrzeży Indonezji miało miejsce jedno z największych trzęsień ziemi, jakie kiedykolwiek zarejestrowano. Nagły wstrząs dna morskiego wygenerował potężną falę tsunami, która uderzyła w wybrzeża Indonezji, Tajlandii, Sri Lanki, Indii i innych krajów leżących nad Oceanem Indyjskim. Fale osiągające wysokość 30 m spowodowały ogromne zniszczenia i zabiły ponad 283 000 ludzi.

Potężne trzęsienie dna morskiego spowodowało zapadnięcie się mierzącego 1200 km odcinka gruntu na głębokość 15 m. Ten nagły podwodny ruch wywołał falę, która zaczęła się rozchodzić na wszystkie strony.

Tsunami to japońskie słowo oznaczające falę portową. Japonia doświadcza tsunami częściej niż jakikolwiek inny kraj – średnio raz na siedem lat. Dzieje się tak dlatego, że wyspy japońskie leżą na granicy płyty tektonicznej, gdzie trzęsienia ziemi są częstsze (patrz str. 16). Tsunami na Oceanie Indyjskim to rzadkie zjawisko – 90% fal tworzy się na Oceanie Spokojnym (Pacyfiku).

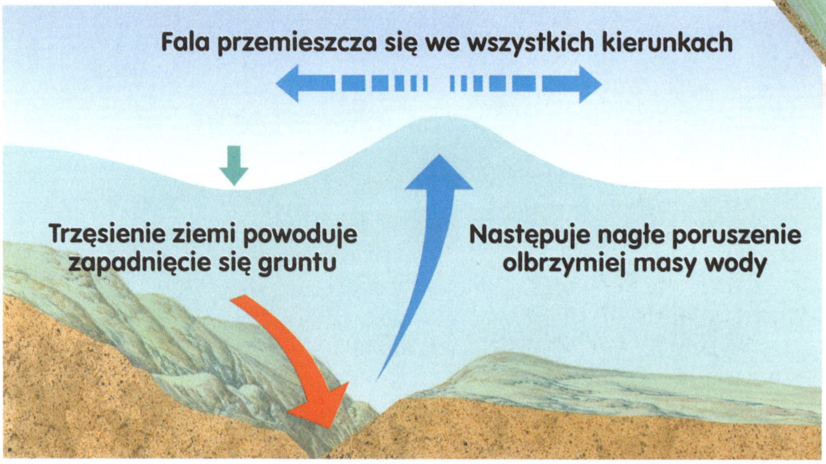

Tsunami na Oceanie Indyjskim dotknęło 18 krajów. Największe straty poniosły Sri Lanka, Indonezja i Tajlandia, ale jego skutki były odczuwalne nawet na Alasce. Fale zmyły przybrzeżne miasta i wioski południowej i południowo-wschodniej Azji praktycznie bez ostrzeżenia. Na tym zdjęciu widać wodę o głębokości niemal 2 m, która zalewa wioskę Maddampegama, leżącą 60 km na południe od Kolombo na Sri Lance. Zniszczenia w wielu miejscach osiągnęły katastrofalne rozmiary: budynki zostały zburzone, pola uprawne zdewastowane, drogi i mosty przestały istnieć.

Na otwartym oceanie fale tsunami są niemal niezauważalne, choć poruszają się z ogromną szybkością – do 1000 km/h. Ich długość (odległość między grzbietami fal) liczona jest w setkach kilometrów, ale są one bardzo płytkie – mają nie więcej niż metr wysokości. Zbliżając się do płytszych rejonów, fale stopniowo rosną. Gdy docierają do lądu, mają nierzadko wysokość nawet 30 m. Wygląda to tak, jakby w kierunku brzegu poruszała się ściana wody. Zwykle nie kończy się na jednej fali – jest ich na ogół kilka i przypływają w odstępach minut, a czasami godzin.

Na tej mapie zaznaczono miejsce trzęsienia ziemi, którego następstwem było potężne tsunami. Epicentrum – punkt na powierzchni Ziemi znajdujący się bezpośrednio nad ogniskiem trzęsienia ziemi – znajdowało się w pobliżu indonezyjskiej wyspy Sumatra. Wstrząsy osiągnęły 9,0 stopni w skali Richtera (skala określająca wielkość trzęsienia ziemi). Było to największe trzęsienie ziemi od 40 lat.

Gdy fala zbliża się do brzegu, wody nadbrzeżne cofają się, jakby były wysysane. Gdy tsunami uderza w ląd, czyni to z ogromną siłą – wielokrotnie większą niż przeciętna duża fala, wskutek czego tereny przybrzeżne zalewa gwałtowna powódź.

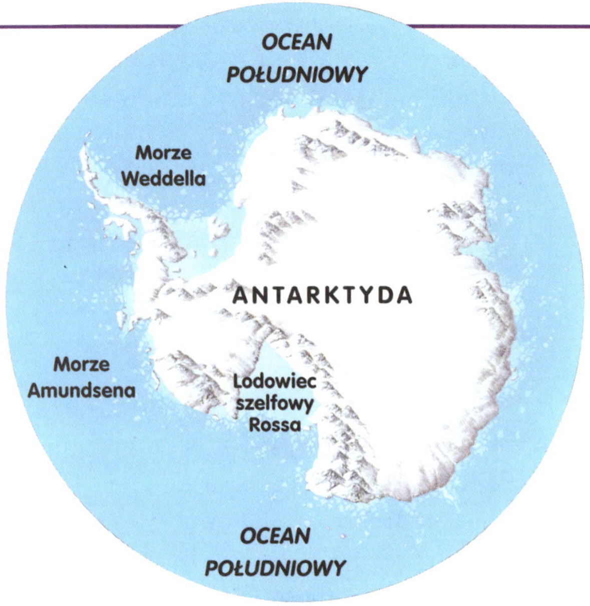

OCEAN POŁUDNIOWY

OCEAN POŁUDNIOWY otacza ze wszystkich stron Antarktydę. Ponad połowa jego obszaru każdej zimy pokrywa się lodem. Częstym zjawiskiem są góry lodowe, które odrywają się od wybrzeży Antarktydy i dryfują wśród kry lodowej. Wybrzeża Antarktydy opływa prąd zwany Dryfem Wiatrów Wschodnich, który płynie w kierunku przeciwnym do ruchu wskazówek zegara. Bardziej na północ – w odwrotną stronę – płynie Dryf Wiatrów Zachodnich.

CZY WIESZ, ŻE...?

Lampart morski jest tak zawziętym łowcą, że nie pogardzi przedstawicielem własnego gatunku. Jednak jego ulubionym pożywieniem są pingwiny Adeli. Pingwiny te tak bardzo boją się lampartów morskich, że długo się wahają, zanim wskoczą do wody.

Lampart morski

Pingwiny królewskie żyją w wielkich koloniach na wyspach Oceanu Południowego. Są wytrawnymi nurkami polującymi na ryby i kałamarnice. Pod wodą mogą przebywać ponad 90 minut.

Pingwin królewski

W 1914 r. Sir Ernest Shackleton, irlandzki podróżnik i odkrywca, stał na czele ekspedycji, której celem była Antarktyda. Niestety podczas przeprawy przez Morze Weddella jego statek „Endurance" został uwięziony w lodzie, a po dziewięciu miesiącach dryfowania rozpadł się. Shackletonowi i jego załodze udało się na szczęście przeżyć – pokonali niebezpieczne wody Oceanu Południowego na łodziach ratunkowych.

Szczętki, zwane też krylem, to niewielkie, przypominające krewetki skorupiaki. Stanowią one bardzo ważne źródło pożywienia w Oceanie Południowym. Dnie spędzają w morskich głębinach, a nocami wypływają w stronę powierzchni – wtedy mogą się nimi pożywić wieloryby i ptaki morskie.

Raz do roku tysiące słoni morskich przybywa na Antarktydę, by odbyć gody. Wówczas samce stają się wobec siebie bardzo agresywne, walczą ze sobą, używając pysków przypominających trąbę słonia (stąd ich nazwa) i wydając groźne ryki, które mają odstraszyć przeciwnika.

Płetwal błękitny jest największym zwierzęciem świata. Może osiągać długość nawet 30 m i ważyć ponad 140 ton. Płetwale spędzają letnie miesiące w wodach Oceanu Arktycznego i Południowego. Żywią się głównie szczętkami (patrz wyżej). Gdy zwierzę nabiera wody, ta przesącza się przez rogowe płyty w szczękach zwane fiszbinami, na których szczętki się zatrzymują. Płetwale zimą wracają do wód tropikalnych, ale nic wtedy nie jedzą. W przeszłości były obiektem masowych polowań, dlatego dziś ten gatunek jest zagrożony. W Oceanie Południowym zostało zaledwie kilkaset płetwali błękitnych.

Zwierzęta żyjące na wybrzeżach Antarktydy i okolicznych wyspach żywią się głównie rybami, choć nie jest to ich jedyny pokarm. Wody Oceanu Południowego są bogate w szczętki (patrz wyżej) i wiele innych niewielkich stworzeń oraz roślin niesionych prądami morskimi. Zwierzęta Antarktydy są dobrze przystosowane do życia w bardzo niskich temperaturach. Mają grube futra lub upierzenie, a wiele z nich zabezpiecza też podskórna warstwa tłuszczu.

Żyje tu kilka gatunków pingwinów. Największe z nich to pingwiny cesarskie. Gdy samice udają się na polowanie, samce zbijają się w gromadę, by w ten sposób zapewnić ochronę młodym.

Humbaki pokonują tysiące kilometrów – przybywają z obszarów tropikalnych, by się porządnie najeść w wodach Oceanu Południowego. Mimo imponujących rozmiarów (osiągają do 15 m długości) potrafią bez wysiłku wyskakiwać ponad wodę.

OCEAN ARKTYCZNY

OCEAN ARKTYCZNY jest najmniejszym oceanem świata. Większość jego powierzchni przez cały rok pokrywa gruba warstwa lodu. Na jej obrzeżach tworzy się tzw. pak lodowy, czyli lód morski, który pod wpływem ruchu wody ciągle się kruszy i odłupuje. Latem pokrywa lodowa staje się cieńsza, a w lodzie pojawia się więcej szczelin i pęknięć.

Rybitwa popielata

CZY WIESZ, ŻE...?

Rybitwy popielate odbywają najdłuższe wędrówki spośród wszystkich zwierząt. Miesiące letnie spędzają w Arktyce, gdzie wychowują młode. Następnie pokonują 12 000 km, by kolejne lato spędzić już na Antarktydzie.

Góra lodowa to potężna bryła dryfującego lodu. Około 90% jej objętości znajduje się pod powierzchnią wody. Większość gór lodowych Arktyki to oderwane fragmenty lodowców, stąd ich charakterystyczny stożkowaty kształt. Góry lodowe Antarktydy odrywają się od lodowca szelfowego, dlatego ich wierzchnia warstwa jest na ogół płaska.

Podczas arktycznego lata maleńkie organizmy tworzące plankton bujnie się rozwijają. Korzystają z tego miliony małych zwierząt żywiących się planktonem. Zwierzątka te z kolei stanowią smakowity pokarm dla ryb, kałamarnic i waleni.

Narwal

Latem w wodach Oceanu Arktycznego można spotkać różne gatunki waleni, ale tylko narwale są tu obecne przez cały rok.

Narwale mają dwa zęby, u samców jeden z nich wyrasta w długi, spiralnie skręcony cios. Być może używany jest on podczas potyczek z innymi samcami lub by zademonstrować dominującą pozycję w stadzie. Narwale żywią się rybami, krewetkami, kałamarnicami i ośmiornicami. Białuchy, czyli wale białe, są spokrewnione z narwalami. Latem żywią się rybami i skorupiakami znajdowanymi na dnie morza pod pakiem lodowym. Zimą płyną na południe. Setki tych zwierząt można wtedy spotkać u ujść północnoamerykańskich rzek.

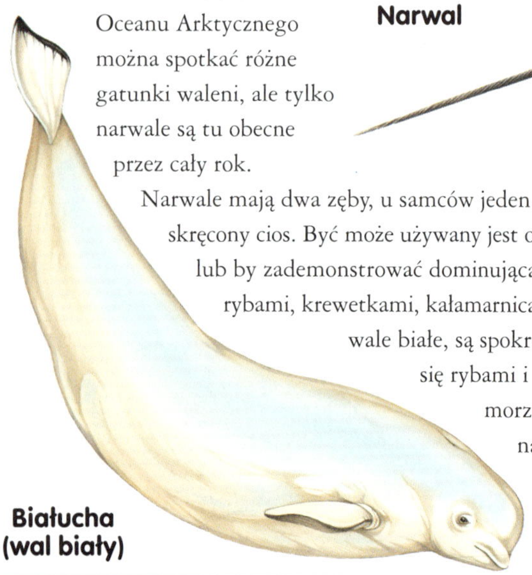

Białucha (wal biały)

OCEAN ARKTYCZNY

Lodołamacz to statek przystosowany do łamania pokrywy lodowej. Ma on wzmocniony kadłub i specjalnie profilowany kształt dziobu. Dzięki dużej masie i potężnym silnikom lodołamacz uderza w lód z taką mocą, że pokrywa pęka i kruszy się.

Pierwszym człowiekiem, który dotarł na biegun północny, leżący w samym środku Oceanu Arktycznego, był amerykański podróżnik i odkrywca Robert Peary. Odbył on kilka wcześniejszych wypraw w kierunku bieguna, ale za każdym razem był zmuszony zawrócić ze względu na niesprzyjającą pogodę. W końcu jednak dopiął swego i w kwietniu 1909 r., wraz z Matthew Hensonem i kilkoma towarzyszącymi im Inuitami, stanął na biegunie.

Foki i ptaki morskie polują na ryby, a morsy za pomocą bardzo wrażliwych wąsów szukają na dnie morza skorupiaków. Największymi drapieżnikami Arktyki są orki i niedźwiedzie polarne. Orki przypływają do Oceanu Arktycznego latem, gdy jest tu obfitość ryb i fok, nie pogardzą jednak innym waleniem. Niedźwiedzie polarne wolą życie na lodzie, choć są doskonałymi pływakami. Polują głównie na foki, czatując na nie przy naturalnych przeręblach, w których foki czasem się wynurzają, by zaczerpnąć powietrza. Gdy nadchodzi zima, większość zwierząt Arktyki wędruje na południe, ale niedźwiedzie zostają – wykopują w śniegu norę zwaną gawrą i zapadają w sen zimowy.

RYBOŁÓWSTWO

LUDZIE łowią ryby od tysięcy lat. Wciąż są one dla nas jednym z głównych źródeł pożywienia. Większość z nich łowionych jest przez wyspecjalizowane jednostki – są to tzw. połowy komercyjne. Choć w wodach żyje około 20 000 gatunków ryb, komercyjnie poławia się kilkaset z nich.

Trawlery to statki rybackie, które ciągną za sobą po morskim dnie sieci zwane włókami. Nowoczesne jednostki wyposażone są w sonary, czyli urządzenia wysyłające sygnały, które odbijając się od przeszkody, np. ławicy ryb, powracają do statku, a na ekranie pojawia się obraz ławicy. Członkowie załogi na miejscu patroszą ryby i umieszczają je w zamrażalniach, które są na pokładzie trawlera.

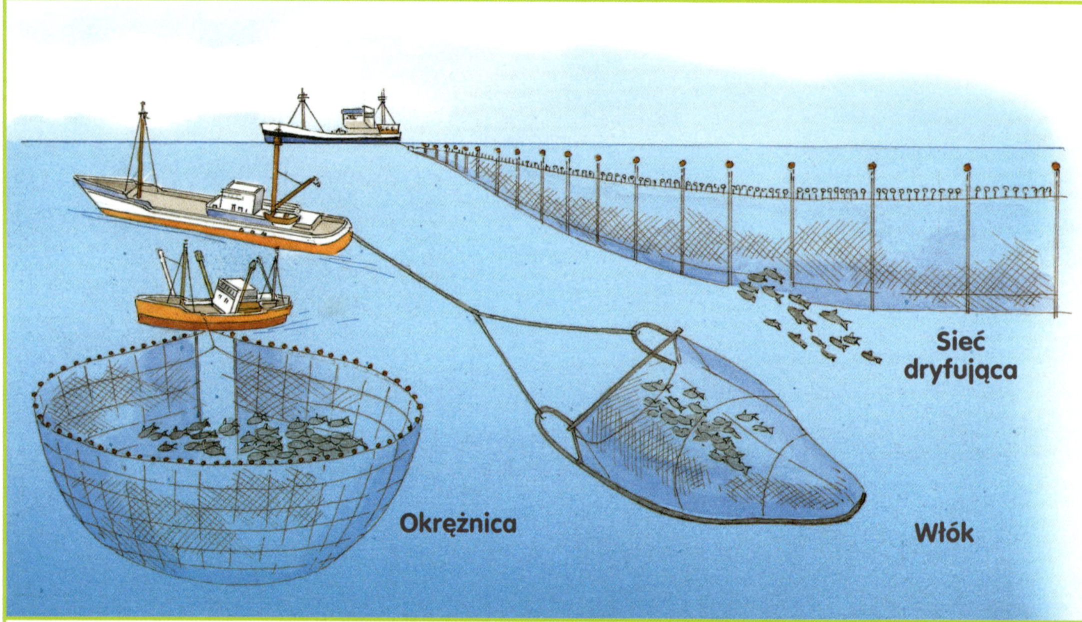

Profesjonalne floty rybackie używają sieci zdolnych do chwytania tysięcy ryb na raz. Sieci dryfujące mogą mieć nawet kilka kilometrów długości. Ryby wpływają w sieć i zaplątują się w nią. Niestety ofiarami tych sieci padają też delfiny i ptaki morskie. Do włóków ciągniętych po dnie chwyta się ryby przydenne, z kolei do połowów ryb trzymających się bliżej powierzchni służą sieci zwane okrężnicami.

Większość łowisk dla celów komercyjnych znajduje się na płytszych wodach położonych niedaleko wybrzeży. Masowe połowy doprowadziły do znacznego przetrzebienia ławic do niebezpiecznego poziomu, szczególnie w północnym Atlantyku.

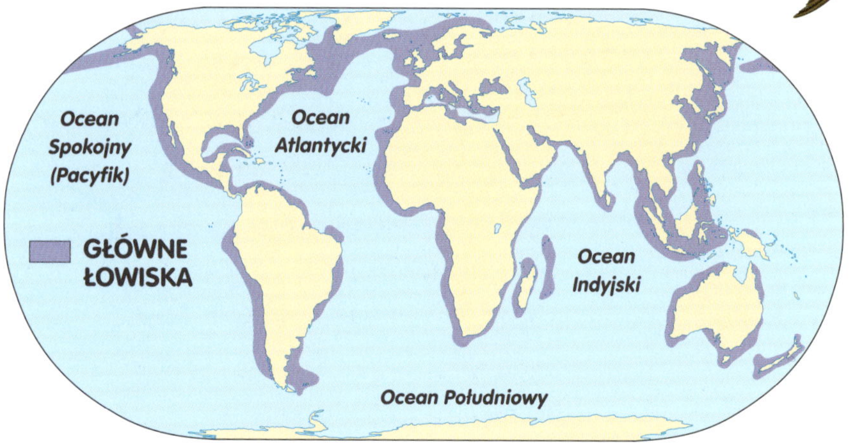

Tuńczyk błękitnopłetwy

Tuńczyki błękitnopłetwe mają istotne znaczenie dla przemysłu rybnego. To wielkie, szybkie ryby, które osiągają 4 m długości i ważą nawet ponad 500 kg. Żyją w północnym Atlantyku w dużych ławicach. Są bardzo pożądanym towarem w Japonii. Do ich połowów stosuje się okrężnice. Zasobność ławic jest dziś bardzo niska.

Ropa naftowa powstała miliony lat temu. Na początku maleńkie zwierzęta i rośliny żyjące w oceanie umierały i opadały na dno (1). Stopniowo zapadały się coraz głębiej pod warstwy piasku i mułu. Z czasem te warstwy zamieniły się w skałę osadową (2).

Bakterie przeobraziły szczątki organiczne w gaz i ropę naftową. Przemieszczające się powoli warstwy skalne przepychały ropę przez skały osadowe w górę, aż w końcu ropa dotarła do nieprzepuszczalnej skały (3). Po zlokalizowaniu źródła ropy robi się odwierty – otwory działają niczym wentyl i ropa sama tryska w górę (4).

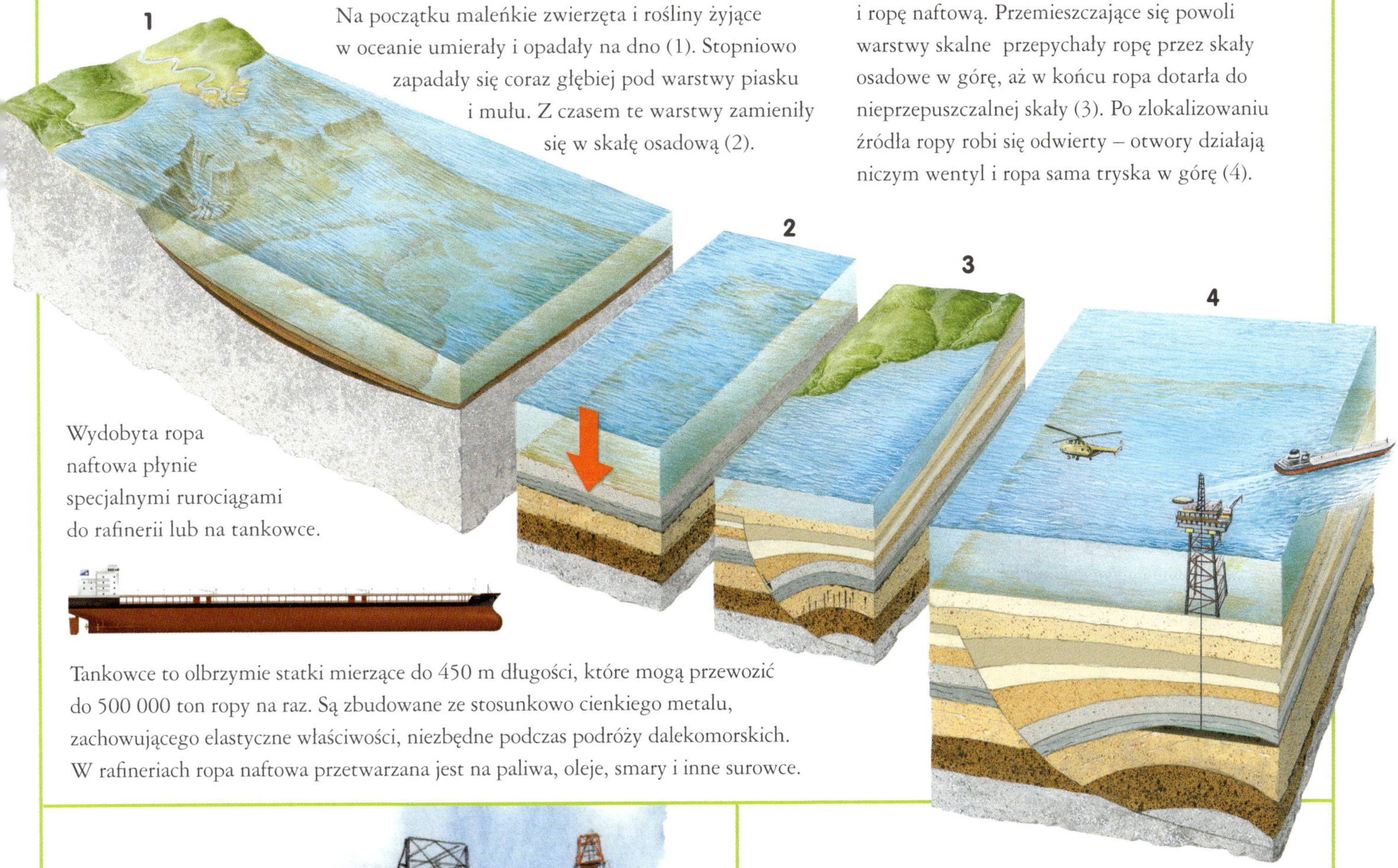

Wydobyta ropa naftowa płynie specjalnymi rurociągami do rafinerii lub na tankowce.

Tankowce to olbrzymie statki mierzące do 450 m długości, które mogą przewozić do 500 000 ton ropy na raz. Są zbudowane ze stosunkowo cienkiego metalu, zachowującego elastyczne właściwości, niezbędne podczas podróży dalekomorskich. W rafineriach ropa naftowa przetwarzana jest na paliwa, oleje, smary i inne surowce.

Do pozyskiwania ropy naftowej zgromadzonej pod morskim dnem używa się platform wiertniczych. Na platformach zainstalowane są specjalne wieże wiertnicze, do których przymocowane są przewody wiertnicze. Przewody te składają się ze złączonych ze sobą rur o długości około 10 m, zakończonych świdrami. Na platformie wiertniczej jest też lądowisko dla helikopterów i budynki mieszkalne dla pracowników.

ROPA NAFTOWA

ROPA NAFTOWA to substancja o wyjątkowym znaczeniu. Stosuje się ją jako paliwo do samochodów, statków i samolotów. Bez niej wiele gałęzi przemysłu chemicznego nie mogłoby istnieć. Ropa powstała ze szczątków maleńkich prehistorycznych stworzeń, które żyły w oceanach przed milionami lat. Ich szczątki gromadziły się na dnie i powoli przeobrażały w gaz i ropę. Około jednej piątej jej światowych zasobów wciąż odnajduje się pod morskim dnem. Ropa ta wydobywana jest za pomocą platform wiertniczych.

Badania wraków przynoszą archeologom wiele cennych informacji na temat życia na pokładach dawnych jednostek, niejednokrotnie bardzo starych. Jednak rzadko udaje się natrafić na wrak, między innymi ze względu na niedokładność map morskich. Kiedy jednak miejsce zostanie właściwie zlokalizowane, w poszukiwaniach mogą pomóc sonary i inne zaawansowane urządzenia. Najpierw płetwonurkowie dzielą obszar badań na sektory – to znacznie ułatwia opisywanie znalezisk. Potem za pomocą rur ssawnych usuwa się pokłady mułu. Przed wydobyciem znalezisk na powierzchnię trzeba je dokładnie naszkicować i sfotografować.

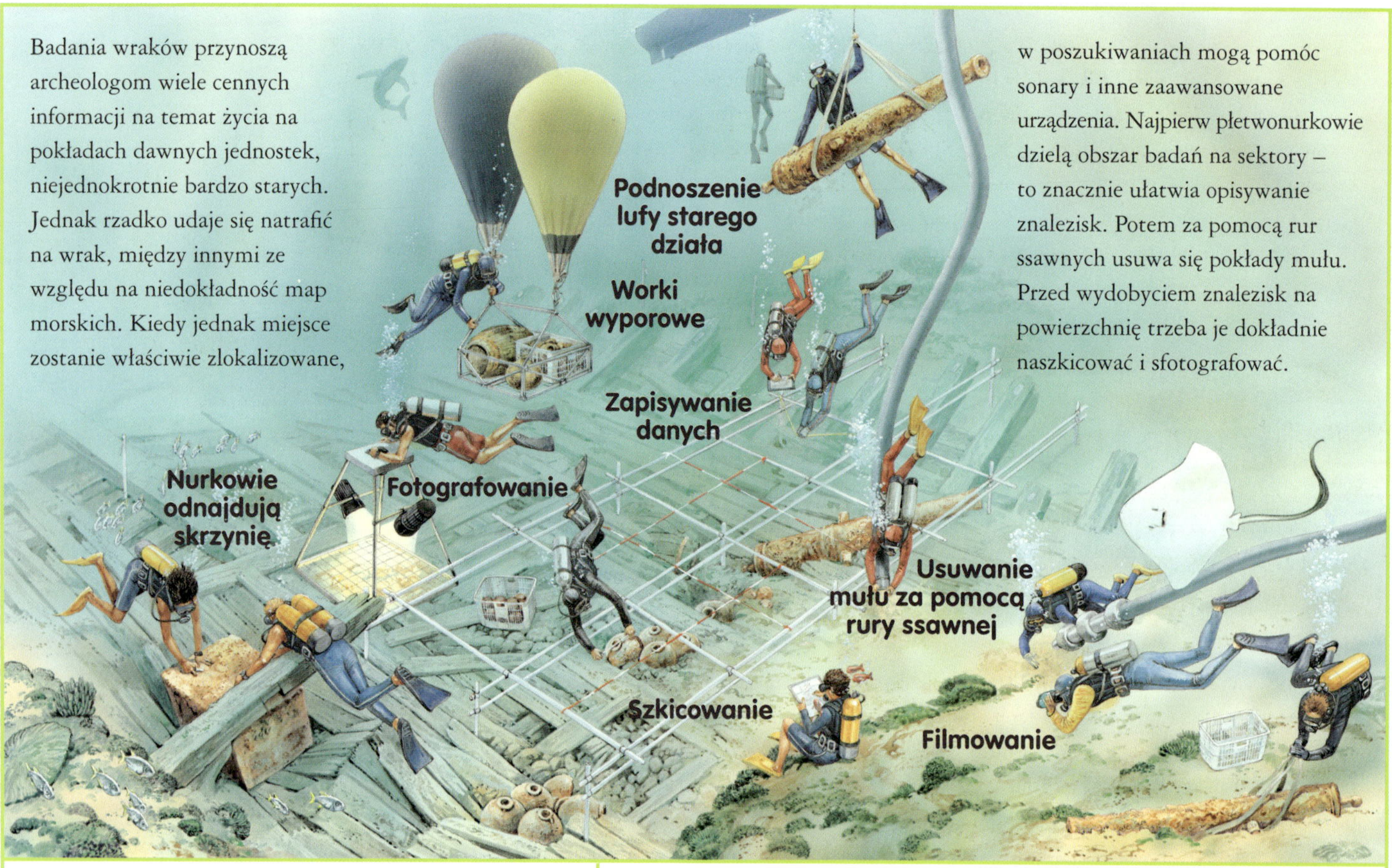

EKSPLORACJA OCEANÓW

JESZCZE 60 lat temu o oceanicznych głębinach wiedzieliśmy bardzo mało. Wynalezienie akwalungu umożliwiło płetwonurkom oddychanie pod wodą powietrzem z butli nurkowych zakładanych na plecy. Od tamtego czasu mogą oni swobodniej badać podwodny świat. Dzięki batyskafom (patrz str. 16), robotom podwodnym i sonarom (patrz str. 28) możliwa stała się eksploracja oceanicznych głębin. W końcu można było zacząć odkrywać nowe gatunki zwierząt i badać zarówno wraki leżące na dnie, jak i samo dno oceanów.

Na pokładach batyskafów można schodzić na duże głębokości, ponieważ mają bardzo mocną konstrukcję, wytrzymującą ogromne ciśnienia tam panujące.

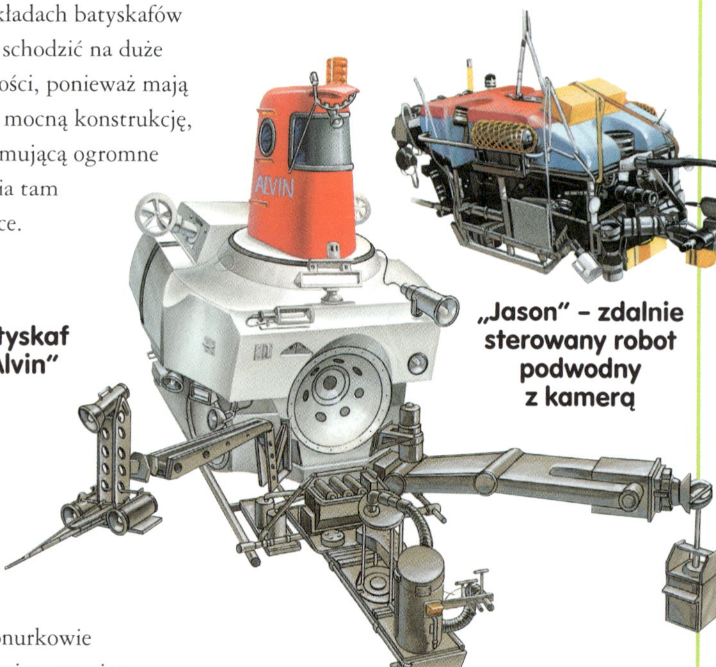

Batyskaf „Alvin"

„Jason" – zdalnie sterowany robot podwodny z kamerą

Płetwonurkowie oddychający powietrzem nie mogą schodzić poniżej 50 m. Obserwację podwodnego życia umożliwiają za to zdalnie sterowane roboty z kamerami.

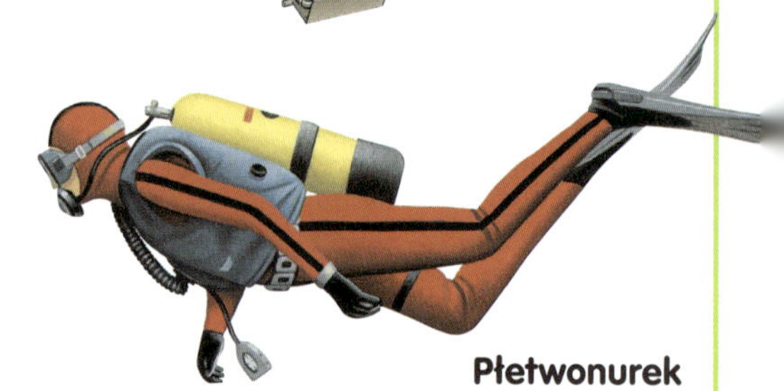

Płetwonurek

OCEANY PRZYSZŁOŚCI

PODNOSZENIE SIĘ poziomu wód, przetrzebione ławice ryb, wyginięcie wielu gatunków zwierząt, zanieczyszczenia oceanów – to tylko niektóre z zagrożeń, z jakimi będą musiały się zmierzyć oceany w XXI w. Naukowcy są zgodni, że potrzebne są szybkie działania, by nie dopuścić do szkód, które mogą mieć katastrofalne konsekwencje.

Od lat oceany są stale zanieczyszczane, co zagraża życiu wielu gatunków morskich stworzeń, ale nie tylko – lądy również mogą odczuć skutki takiego postępowania. Wiele substancji zanieczyszczających pochodzi z obszarów lądowych. Należą do nich nawozy, pestycydy (1), odpady chemiczne i ścieki, które docierają do oceanów niesione wodami rzek lub są do nich doprowadzane bezpośrednio rurami (2). Chemikalia zrzucane do mórz (3), nieszczelne tankowce (4) czy sieci rybackie porzucane w wodach (5) są poważnym zagrożeniem dla wielu gatunków roślin i zwierząt.

Globalne ocieplenie może w istotny sposób wpłynąć na oceany. W ciągu ostatnich 100 lat średnie temperatury znacząco się podniosły. Istnieje poważne zagrożenie, że pokrywy lodowe na biegunach zaczną się topić. W efekcie znacznie podniesie się poziom wód, co może doprowadzić do zatopienia wielu przybrzeżnych miast (poniżej). Prądy oceaniczne mogą zmienić kierunek, co doprowadzi to poważnych zmian klimatycznych.

Globalne ocieplenie jest prawdopodobnie wywoływane przez tzw. efekt cieplarniany. Atmosfera Ziemi to mieszanka gazów, które zatrzymują ciepło słoneczne, podobnie jak czynią to ściany w szklarni. Wskutek tego powierzchnia Ziemi jest stale ogrzewana. Jednak elektrownie i samochody również emitują gazy cieplarniane, takie jak dwutlenek węgla,
i to w bardzo dużych ilościach, dlatego Ziemia szybko się ogrzewa.

INDEKS